Tennisspiele werden im Kopf entschieden!

Daniel Memmert | Stefan Leiner

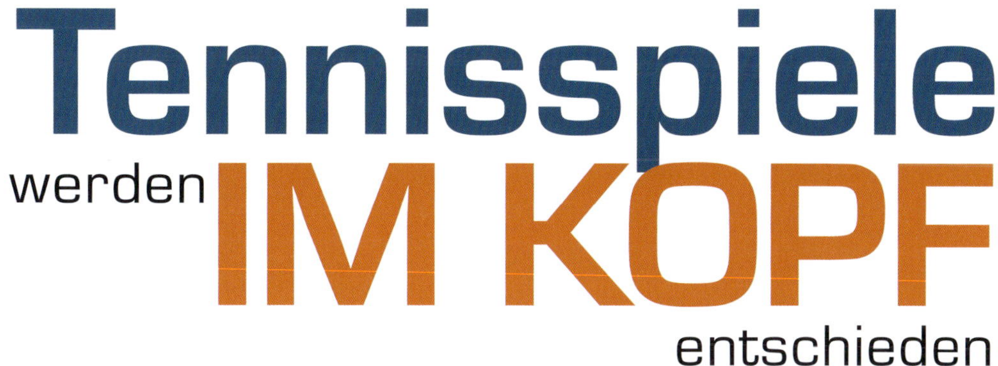

Tennisspiele werden IM KOPF entschieden

Kognitives Training, Kreativität & Spielintelligenz im Amateur- und Leistungsbereich

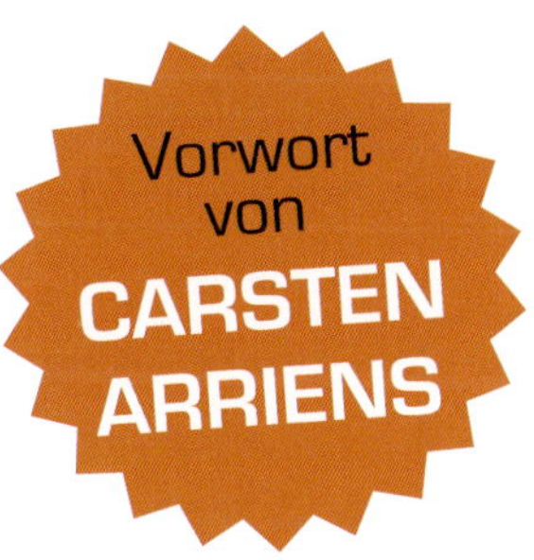

MEYER & MEYER VERLAG

Tennisspiele werden im Kopf entschieden!

Bibliografische Information der Deutschen Nationalbibliothek
Die Deutsche Nationalbibliothek verzeichnet diese Publikation in der Deutschen Nationalbibliografie; detaillierte bibliografische Details sind im Internet über <www.dnb.de> abrufbar.

Von-Coels-Straße 390, 52080 Aachen
www.dersportverlag.de

2. Auflage 2025

Member of the World Sport Publishers' Association (WSPA)

Gesamtherstellung (Druck): Print Consult GmbH, München, www.printconsult.de

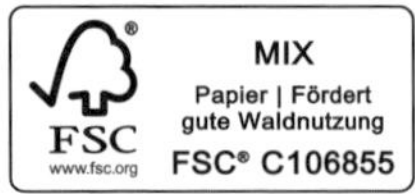

ISBN: 978-3-8403-7689-4

Bei Fragen zur Sicherheit unserer Produkte wenden Sie sich bitte an: kontakt@m-m-sports.com.

INHALT

In Liebe an unsere Familien, Kerstin, Kim und Lina sowie Agi und Lea

EIN VORWORT

AUS TRAINERSICHT ...

„There is no replacement for practise and a good teacher."

(Richard Strozzi-Heckler)

„Practise is the thing we do to be faithful – not successful."

(Aus dem Podcast *Daily Evolver* von Jeff Salzman)

Erfolg ist das, was wir alle anstreben. Ob wir als Trainer mit Kindern und Jugendlichen arbeiten, ob wir im Breitensport tätig sind, ob wir Leistungssportler trainieren oder ob wir selbst Athleten sind – das, was uns verbindet, ist die Absicht, Erfolg zu haben.

Ich bin seit 30 Jahren eng mit dem Profitennis verbunden. Spielte in den 1990er-Jahren auf der Tour, hatte einige Matches gegen die ganz Großen dieser Zeit. Gut 10 Jahre Tennis-Bundesliga kamen dazu. Als meine Motivation und Inspiration nachließen, ich andere Interessen entwickelte, wechselte ich die Seite und arbeitete fortan als Trainer und Coach. Unter anderem war ich Bundestrainer und Teamchef des deutschen Davis-Cup-Teams.

Mein Herz hing von Anfang an am internationalen Profitennis. Und so bin ich nun seit 20 Jahren in diesem Bereich tätig. Ich trainiere Profis, reise mit ihnen von Turnier zu Turnier um die Welt. In einem anderen beruflichen Tätigkeitsfeld berate und coache ich seit gut 10 Jahren Menschen im mittleren Lebensdrittel, die beruflich in Leistungskontexten tätig sind, rund um gesundheitsrelevante Themen.

In den letzten 20 Jahren auf der Tour war ich ungefähr bei 90 % aller Grand-Slam-Turniere live dabei. Ich habe als Trainer viele Tennislegenden hautnah erleben können. Oft als neutraler Beobachter auf der Tribüne und manchmal als Trainer eines Athleten, der gegen einen der Großen antreten konnte. Und so hat sich in mir ein Überblick und Erfahrungsschatz über die letzten 30 Jahre im Spitzentennis entwickelt.

Es hat sich viel verändert! Ein wesentlicher Unterschied zwischen meiner Zeit als Profi in den 1990er-Jahren und heute liegt in einer Spezialisierung und Professionalisierung des Trainingsprozesses. Es wird wesentlich detailreicher und präziser gearbeitet. Die Unterschiede zwischen den Besten der Welt sind minimal, was ein Blick auf die statistischen Auswertungen immer wieder belegt.

Die Wissenschaft wurde ernster genommen, und in drei wesentlichen Bereichen – technisch-taktisch, athletisch, mental – immer öfter zurate gezogen. Neue Wege und effektivere Methoden wurden gesucht. Gab es in den 1990er-Jahren in der Regel einen Coach für alles, so ist es heute notwendig und auch selbstverständlich, in einem Team zu arbeiten. Physiotherapeuten und Athletikcoaches sind wichtige Begleiter der Profis und Feedbackgeber für die Coaches. Technik- und Taktikanalysen werden mittlerweile von externen IT-Anbietern erstellt und erleichtern die Trainerarbeit sehr.

Im mentalen/psychologischen Bereich ist die Zusammenarbeit mit Sportpsychologen, Performance Coaches usw. schon lange salonfähig geworden – mit der spitzen Anmerkung, dass sich die Trainer selbst noch nicht so sehr damit anfreunden können, selbst diese Angebote in Anspruch zu nehmen, um ihr Handeln zu reflektieren. Was so wichtig wäre ...

Es gibt also auch im Spitzentennis eine deutliche Hinwendung zur Wissenschaft, zu belegbaren Fakten und Erkenntnissen in den eben erwähnten drei Bereichen und den Ruf nach einem möglichst einfach umsetzbaren Transfer dieses Wissens in die alltägliche Trainerarbeit. Zumindest in meiner Wahrnehmung hinkten wir hier im Vergleich zu anderen Sportarten im Tennis lange Zeit hinterher. Das hat sich über die letzten 10 Jahre deutlich geändert.

Um zurück zum eingangs angesprochenen *Erfolg* zu kommen: Um die Wahrscheinlichkeit, Erfolg zu haben, zu erhöhen – und nichts anderes können wir tun, als zu versuchen, Wahrscheinlichkeiten zu beeinflussen –, ist es also wichtig, sich immer wieder der Sportwissenschaft zuzuwenden. Und gerade der mentale, kognitive Bereich, auf den ständig von so vielen Trainern und Athleten als entscheidender Erfolgsfaktor im Spitzensport hingewiesen wird, braucht unsere verstärkte Aufmerksamkeit.

- Was gibt es in den Kognitionswissenschaften für Erkenntnisse?
- Was sagen Studien, was sagen sie nicht?

- Untermauern sie das intuitive und oft nicht rational erklärbare Trainerhandeln?
- Gibt es hier Neues, Wertvolles für den Sport? Vom Glauben zum Wissen sozusagen.
- Und: Bleibt es schwer verständliche Theorie oder ist eine Umsetzung in die tägliche Trainerarbeit möglich und realistisch?

Genau hier setzt das hervorragende, tiefgründige Buch von Daniel Memmert und Stefan Leiner an.

Doch bevor ich mich dem inhaltlichen Teil des Buchs zuwende, möchte ich einige persönliche Anmerkungen geben und den Begriff *Erfolg* in einen größeren Kontext setzen.

Eingangs sagte ich, dass uns alle das Streben nach Erfolg verbindet. Das ist, so gesehen, der kleinste gemeinsame Nenner. Wenn wir jedoch darüber nachdenken, wie wir Erfolg für uns definieren und welche Bedeutung er für uns hat, dann werden wir uns in diesen Beschreibungen teilweise deutlich voneinander unterscheiden.

Je nachdem, welche Weltsicht wir haben, was Menschsein für uns bedeutet, je nachdem, was uns grundlegend wichtig ist, wo unsere Sehnsüchte uns hinführen, je nachdem, welche Werte uns leiten, je nachdem, wie wir in der Lage sind, uns von uns selbst zu distanzieren und uns unserem Gegenüber, ob Einzelathlet oder Team, zuzuwenden, je nachdem, wie wir das Wohl des Ganzen im Auge haben. Unsere Antworten darauf werden zu unterschiedlichen Definitionen von Erfolg im Sport führen. Ein erster, schlichter Schritt der Differenzierung von Blickwinkeln kann hier hilfreich und sinnvoll sein.

ICH – WIR – ES
Dies sind grundlegende Perspektiven, die wir gegenüber jedem Ereignis oder Aspekt der Wirklichkeit einnehmen können. Wir finden diese Pronomen in allen großen Hauptsprachen. Sie markieren die Perspektive, aus der eine Wahrnehmung formuliert ist. Je bewusster ich diese einnehmen kann, desto differenzierter wird meine Wahrnehmung werden, desto mehr Informationen können zur Lösung von Fragestellungen, den Trainings- und Turnierprozess betreffend, gesammelt werden.
In unserer heutigen Zeit tendieren wir immer noch recht stark zu einer nutzenorientierten, materialistischen, außenorientierten Weltsicht. Das ist oft hilfreich und bleibt trotzdem nur eine Teilwahrheit. Jeder Trainer kann das einfach nachvollziehen: Man hat eine Trainingseinheit systematisch nach wissenschaftlichen Erkenntnissen geplant. Und dann kommt es zum morgendlichen Erstkontakt mit dem Athleten und man spürt: Etwas stimmt nicht. Es liegt etwas in der Luft, eine Atmosphäre, die, wenn wir dafür sensibel sind, etwas anderes von uns verlangt. Wenn ich an diesen Tagen nur mein Expertenwissen zur Verfügung habe, werde ich nicht weit kommen.

Die *ICH-Perspektive* einnehmen zu können, bedeutet, aus der Außenwahrnehmung in meinen „Innenraum", in mein inneres Erleben, wechseln zu können: Ärger über die vergebens geplante Trainingseinheit könnte spürbar werden. Ein Widerstand, eventuell wieder die „alten" Geschichten des Athleten zu hören, eine Unlust, flexibel darauf zu reagieren. Viele Knöpfe könnten in mir gedrückt werden und zu unangemessenen Reaktionen führen. Hierfür eine Selbstwahrnehmung zu entwickeln, Rituale und Routinen zur Verfügung zu haben, die mich in einen präsenten, zentrierten, ruhigen Zustand bringen, sind Qualitäten, um die es in der ICH-Perspektive gehen würde. Diese Kultivierung von Präsenz als Coach ist untrennbar mit meiner Wirksamkeit verbunden.

Und auch ganz grundsätzliche Fragen haben hier ihren Platz:

- Was trägt und nährt im Stress, im Scheitern?
- Wie steuere ich Belastung und Erholung?
- Wo sind die Momente der Ausgelassenheit, der Freude, der Heiterkeit in meinem Leben?
- Wo brauche ich Entwicklung?
- Wo sind meine Blind Spots?
- Bin ich mir meiner Lebensgrundsätze bewusst, meiner Tugenden?
- Was sind die tief liegenden Prämissen, die meinen Entscheidungen zugrunde liegen?

In der *WIR-Perspektive* geht es weniger um mein inneres Erleben, sondern um die Hinwendung zu meinem Gegenüber. Empathie, Wohlwollen den Athleten gegenüber. Ein Einfühlen, was die Situation braucht:

- Klarheit in der Ansprache?
- Eigenes Zurücknehmen und einfühlendes Zuhören können?
- Kann ich Konflikte zulassen, die notwendig für die Entwicklung sind?
- Kann ich sie konstruktiv und wohlwollend austragen?
- Teile ich klar und verbindlich mit, was ich als Trainer verlange und wo meine Grenzen sind?
- Was No-Gos in einer Zusammenarbeit sind?

- Und kann ich in meiner Wahrnehmung des anderen unterscheiden zwischen meinen Interpretationen und Projektionen?
- Kann ich inspirieren, dem Athleten Hoffnung und Zuversicht vermitteln? Im Sinne: Es wird ein schwieriger Weg – aber wir kriegen das hin!
- Schaffen wir eine Atmosphäre, in der wir selbst gerne trainiert hätten?
- Würden wir uns selbst als Trainer verpflichten?

Die *ES-Perspektive*: Das ist der Bereich der (Sport-)Wissenschaft, Fachliteratur, außenorientierte, messbare Fakten, intelligente Spielanalysen, die durch differenzierte Statistiken erklären, warum jemand ein Tennismatch gewonnen hat und was daraus für den Trainingsprozess abzuleiten ist.

Die Qualitäten des ICH und WIR sind entscheidende Erfolgsfaktoren, und diese sollten wir als Trainer unbedingt weiterentwickeln. Das sind Fähigkeiten, die ich in uns Trainern für gleichwertig bedeutsam halte, im Vergleich zum außenorientierten Sachwissen. Denn: Gut ausgebildet in diesen Fähigkeiten, werde ich mein Trainer-Know-How wesentlich effektiver einsetzen können. Letztlich sollte klar sein, dass Veränderung nur über gewisse Bewusstseinszustände zu erreichen ist. Diese in mir erzeugen und in anderen fördern zu können, ist sehr hilfreich in der Trainerarbeit. In den Trainerausbildungen, zumindest gilt das für den Tennissport, könnte deutlich mehr Wert darauf gelegt werden.

Kurz zusammengefasst: Die Fähigkeit, diese unterschiedlichen Perspektiven situativ angemessen einnehmen zu können, das Einüben und das Spielen damit, gehört für mich zur Grundausstattung jeden Trainers. Wenn wir Trainer erfolgreich arbeiten wollen, müssen wir tief in unseren Absichten und Visionen verankert sein, brauchen tragfähige Routinen für die eigene Resilienz, sollten aus einem tiefen Wohlwollen unseren Athleten gegenüber handeln und brauchen die Fähigkeit, andere inspirieren zu können. Dass wir dabei zeitgemäß und die neuesten Erkenntnisse in unserer täglichen Arbeit berücksichtigen sollten, versteht sich dabei von selbst. Oder?

Und hier ist die Brücke zum Buch von Daniel Memmert und Stefan Leiner. Genau diese Art von Vermittlung wissenschaftlicher Erkenntnisse, in diesem Fall aus den Kognitionswissenschaften kommend, ist hilfreich für uns Trainer. Fundierte, auf Untersuchungen und Studien gegründete Aussagen. Denn sprechen wir offen: Wer von uns steckt nicht auch in unhinterfragten Trainingsroutinen, oder scheut Diskussionen mit Athleten über neue Methoden und befürchtet ein Scheitern damit?

Und da wir Trainer oft in Teams arbeiten, in denen die Wissenschaft gar nicht wirklich eine Stimme hat, kein bis wenig Austausch zwischen Theorie und Praxis gepflegt wird, bleibt es bei den „alten" Routinen. Aber wir müssen mit der Zeit gehen und den Mut haben, mehr zu experimentieren. Dinge auszuprobieren, zu verfeinern, zu verwerfen und neu zu betrachten. Nichts anderes macht die Wissenschaft selbst auch. So entwickelt sich Qualität im Trainingsprozess.

Daniel Memmert und Stefan Leiner führen zunächst ins Thema ein. Sie machen sehr klar, wie wichtig es ist, die Prozesse im Kopf, die kognitiven Prozesse, und deren hohe Relevanz für erfolgreiche Leistungen und die Entwicklung von Spielintelligenz im Sport, zu verstehen und zu berücksichtigen. Welche Modelle und Evidenzen gibt es dazu? Welche nicht? Die Aufforderung an uns Trainer ist klar: Wir müssen in der Praxis beginnen, kognitive Fähigkeiten systematisch zu schulen.

Im Weiteren stellen sie ein von ihnen (mit-)entwickeltes Prozessmodell, welches die zentralen kognitiven Leistungsfaktoren beschreibt, vor. Diese liegen unseren Handlungen und Lösungsversuchen in den unterschiedlichen Spielsituationen zugrunde.

- Wie kommt es eigentlich von einer gegebenen Situation in einem Tennismatch zu einer Lösung?
- Welche Phasen werden dabei im Kopf durchlaufen?

Je mehr Verständnis wir für diesen Prozess bekommen, desto wirksamer können wir darauf Einfluss nehmen. Wir können Stärken und Schwächen in einem Athleten besser erkennen, sie ihm verständlich machen und diese gezielt durch unterstützende Trainingsformen verbessern, stabilisieren und entwickeln. Begriffe wie *Antizipation*, *Wahrnehmung*, *Aufmerksamkeit*, *Kreativität* und *Spielintelligenz* tauchen hier auf. Und da diese Begriffe zum täglichen Wortschatz im Trainingsprozess gehören, ist es leicht, hier anzudocken und sich auf die Erkenntnisse einzulassen, die interessant und verständlich dargestellt werden.

So tauchen eventuell auch Spielsituationen vor dem inneren Auge auf, die wir damit in Verbindung bringen können. Der bisherigen eigenen Wahrnehmung in der Arbeit mit unseren Athleten wird sozusagen mehr Tiefe und Erklärung an die Seite gestellt. Das ist hilfreich – für uns selbst und für die Argumentationslage in der Kommunikation mit unseren Athleten.

Daniel Memmert und Stefan Leiner stellen Diagnostiktools vor, die dabei helfen können, Stärken und Verbesserungspotenzial in unseren Athleten zu erkennen.

Die Erkenntnisse übertragen sie in einen ausführlichen Praxisteil. Hier wird jeder Trainer fündig. Trainingsmonotonie kann durchbrochen werden. Neben den vorgestellten Übungsformen kann der eigenen Kreativität freien Lauf gelassen werden. Sind die Prinzipien verstanden, gibt es viele weitere Übungsvariationen, die experimentell entwickelt werden können.

Kognitionen sind ein wesentlicher Leistungsfaktor, wenn wir Erfolg im Sport haben wollen. Das wird durch das Buch von Daniel Memmert und Stefan Leiner glasklar. Ich sehe dies seit 30 Jahren im Spitzentennis. Die Topspieler verfügen hier über besser ausgeprägte Fähigkeiten. Mit diesem Buch werden neueste wissenschaftliche Erkenntnisse und praktisch umsetzbare Tools verbunden, um die so wichtigen kognitiven Fähigkeiten gezielt zu verbessern. Die Übungsformen sind altersunabhängig einsetzbar und auf jedes Spielniveau übertragbar.

Es kann uns Trainern helfen, neue Aspekte ins Training zu integrieren, alte Routinen zu hinterfragen und sich als Trainer zu etablieren, der up to date und nach neuesten wissenschaftlichen Erkenntnissen und Methoden arbeitet.

Wenn das Ganze noch in einer Atmosphäre von Humor, Leichtigkeit und Offenheit vermittelt wird, wird die Erfolgswahrscheinlichkeit erheblich nach oben weisen. Neue, effektivere Wege und Zugänge finden wir nur, sofern wir sie erproben. Nur Mut dazu! Verankern wir uns in aktuellem, wissenschaftlichem Wissen und handeln immer mehr aus einem umfassenden, integralen Bewusstsein heraus. Das wünsche ich uns allen. Das Buch ist ein schöner Beitrag dazu.

Carsten Arriens (ehemaliger Teamkapitän Tennis-Davis-Cup; aktuell Trainer von Jan-Lennard Struff)

VORWORT
DER AUTOREN

Wir möchten zahlreichen Kolleginnen und Kollegen großen Dank sagen, mit denen wir zur Thematik *Kognitionen* in den letzten Jahren forschen sowie publizieren durften und deren Ideen wir (natürlich gekennzeichnet) intregiert haben (alphabetisch): Dr. Philip Furley, Prof. Dr. Norbert Hagemann, Jun.-Prof. Dr. Stefanie Klatt, Dr. Timo Klein-Soetebier, Prof. Dr. Stefan König, Dr. Benjamin Noël, Prof. Dr. Klaus Roth, Dr. Sebastian Schwab sowie Prof. Dr. Matthias Weigelt. Selbstverständlich auch allen Studierenden, die wertvolle Beiträge zu den einzelnen Teilstudien geleistet haben.

Ein Forschungsprogramm resultiert selten aus den Ideen eines Einzelnen, sondern viel eher aus den gemeinsamen Gedanken vieler in einer angenehmen Atmosphäre. Zusätzlich möchten wir uns bei allen bedanken, die Teile des Buches im Vorfeld kritisch gegengelesen haben. Dies sind insbesondere (alphabetisch) Prof. Dr. Norbert Hagemann, Prof. Dr. Oliver Höner, Prof. Dr. Stefan König, Dr. Carina Kreitz sowie Prof. Dr. Matthias Weigelt. Für die Mithilfe bei der Erstellung der Abbildungen und für die vielfältigen Rückmeldungen möchten wir uns bei Mara Schneider, Fabian Wunderlich, Erika Graf, Caroline Tisson, Conor Cleary und Sophia Ebner sehr herzlich bedanken.

Alexander Satschko (bestes ATP-Ranking im Einzel Platz 259, im Doppel Platz 80, Sieger im Doppel ATp 250 Quito 2015, insgesamt 12 Doppel Challenger Titel; ehemaliger Bundesligaspieler, ehemaliger Trainer von Peter Gojowczyk und Daniel Brands; B-Trainer Leistungssport DTB), Lukas Ollert (bestes ATP-Ranking im Einzel Platz 655; Spieler in der Zweiten Tennis-Bundesliga bei TC Iserlohn; B-Trainer Leistungssport DTB; USPTA Professional), Maxi Wimmer (aktueller Bundesliga-Trainer von TC Großhesselohe; NCAA-Trainerlizenz; USPTA Professional) sowie Frederic Arlt (Master of Science Diagnostics and Training an der Technischen Universität München; Zusammenarbeit mit ATP-Spieler Daniel Brands; Athletiktrainer im Fußballprofi- und Nachwuchsleistungsbereich beim FC Ingolstadt; B-Trainer Leistungssport DTB; Talentino Scout des Bezirks Niederbayern) haben uns vielfältige spezifische Ideen und Anregungen zu den Spielformen im Praxisbereich gegeben, wofür wir sehr dankbar sind.

Dr. Philip Furley hat uns zentral im gesamten Prozess begleitet, was wir sehr zu schätzen wissen. Die vielen kritischen Hinweise haben nicht nur dem Buch sehr gut getan, sondern auch den Forschungsarbeiten in diesem Bereich an unserem Institut.

Daniel Memmert und Stefan Leiner

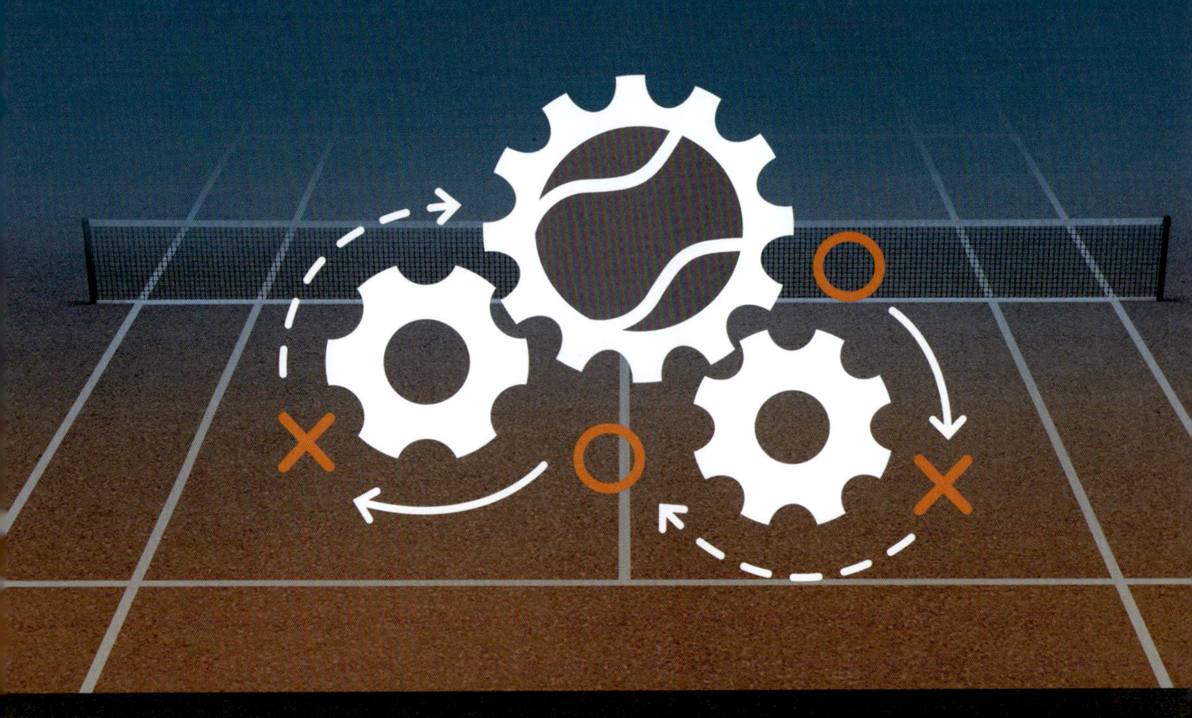

1 TENNISSPIELE WERDEN IM KOPF ENTSCHIEDEN ...

Roger Federer gelingt es scheinbar mühelos, in äußerst komplexen Situationen ungewöhnliche, aber auch technisch-taktische Bestlösungen auf das Spielfeld zu „zaubern". Erfolgreiche Trainer, aber häufig auch Spieler, sprechen bei solchen Ausnahmespielern von Gedankenschnelligkeit, „der Kopf ist wichtig", „sehr schnell im Kopf", oder „intelligenten Spielern"[1].

1 *Wenn in diesem Buch von Spieler, Trainer, Athlet oder Lehrer gesprochen wird, sind damit natürlich immer alle Geschlechter gemeint.*

Aussagen aus dem Tennis

„Du kannst nicht gut Tennis spielen, ohne ein guter Denker zu sein. Du gewinnst oder verlierst das Spiel, bevor du überhaupt rausgehst." – Venus Williams

„Tennis ist ein mentaler Sport. Jeder ist fit, jeder trifft gute Vor- und Rückhände." – Novak Djokovic

„Die Skiläufer kämpfen gegen die Uhr. Die Schwimmer kämpfen nebeneinander. Die Stabhochspringer kämpfen nacheinander. Beim Fußball kämpft man in Rudeln. Die Boxer kämpfen Fuß bei Fuß. **Nur die Tennisspieler duellieren sich auf Distanz**. Und als einzige ohne zeitliche Regelgrenze! Und bis zur letzten Minute bleibt ungewiss, wer Sieger sein wird. Die entscheidenden Eigenschaften für ein solches Duell sind Kraft, Diplomatie, Konzentration, Schnelligkeit, Ökonomie, Präzision, Ahnungsvermögen, Witz, Ruhe, Selbstbeherrschung und Verstand. Und wer die eine oder andere Fähigkeit nicht besitzt, muss trachten, sie durch die zuletzt genannte, den Verstand, zu ersetzen." – Erich Kästner (Schriftsteller)

Aussagen aus dem Fußball

„Was die körperliche Präsenz betrifft, stößt der Fußball an Grenzen. Im kognitiven Bereich dagegen gibt es unendlichen Spielraum. Ein Schachspieler denkt 10-20 Züge voraus, das muss der Fußballer in Zukunft auch können. Manche können das. Ein Özil, Kroos oder Pirlo spielen die Bälle in die Tiefe, weil sie wissen, da läuft einer rein. Die denken Spielzüge voraus. Es gibt Potenzial, Spielzüge vorauszudenken. Deshalb sehe ich in der kognitiven Ausbildung noch große Ressourcen. Laufdaten oder Statistiken über Ballbesitz sind aus meiner Sicht nicht entscheidend." – Joachim Löw (Bundestrainer)

„Die Spanier sind nicht mit Aggressivität, mit Zweikampfstärke und mit Härte zu schlagen, denn man trifft sie damit nicht. Sie sind gedanklich zu schnell. Und genau das wird eine wichtige Aufgabe und Entwicklung für alle Fußballer werden. Es geht darum, gedanklich immer schneller zu sein. Die Gedankenschnelligkeit ist vielleicht noch über die körperliche Schnelligkeit zu stellen. Wenn ein Spieler eine gute Technik und eine gute Grundschnelligkeit besitzt, aber langsam im Kopf ist, kann das seinen Wert für das Team mindern." – Joachim Löw (Bundestrainer)

„Es geht um intelligentes Spiel bei Ballbesitz, Technik in der Bewegung mit dem Ball und Schnelligkeit. Damit meine ich nicht alleine die Geschwindigkeit. Usain Bolt ist schnell, aber er kann nicht Fußball spielen. Ich meine Gedankenschnelligkeit. Es geht auch um die Balleroberung. Gut ist, wenn man intelligente, beidfüßige Spieler hat." – Lucien Favre (Bundesligatrainer)

In Tennismagazinen heißt es auch mal *Handlungsschnelligkeit* und in Büchern wird immer wieder betont, dass „Spiele im Kopf entschieden werden" (Memmert et al., 2013). Zudem wird in sportwissenschaftlichen Zeitschriften eine Vielzahl von Studien beschrieben, welche die besondere Bedeutung der Kopplung von Wahrnehmungsfähigkeiten und Reaktions- bzw. Handlungsschnelligkeit (= „Reactive Agility") unterstreichen.

Definition der Handlungsschnelligkeit (nach Friedrich, 2005, S. 143)

„Besonders in den Sportspielen kommt es darauf an, sporttechnische und taktische Handlungen situationsangemessen und erfolgreich auszuführen. Ausdruck des Niveaus der Handlungsschnelligkeit ist die für die kognitiven Prozesse (geistige Schnelligkeit) und die motorische Lösung der Handlungsaufgabe benötigte Gesamtzeit."

Allen Termini und Ansätzen gemeinsam ist, dass der Kopf und damit Kognitionen eine fundamentale Rolle im Tennis und in anderen Sportspielen zu spielen scheinen.

Im Sport werden die „Problemlöseprozesse", die notwendig sind, um in bestimmten Situationen gezielt adäquate Lösungen zu generieren, als *Kognitionen* bezeichnet. Dazu wird in diesem Buch ein Prozessmodell des Ablaufs menschlicher Entscheidungshandlungen vorgestellt. Kognitive Fähigkeiten, wie *Antizipation, Wahrnehmung, Gedächtnis* oder *Aufmerksamkeit*, werden beschrieben, die zur Kreativität beitragen. Dazu gehört ganz zentral auch die *Spielintelligenz* – womit generell die Auswahl der besten Entscheidung gemeint ist. Etwas weiter gefasst kann man zu den Kognitionen auch *Wille, Stimmungen* und *Emotionen* zählen. Im Training kann es nun darum gehen, all diese Fähigkeiten einzeln oder in Kombination zu trainieren und somit im Gedächtnis abrufbar zu machen.

Tennis hat in der Sportwissenschaft generell einen hohen Stellenwert. Es gibt zu diesem Thema viele Forschungsergebnisse aus verschiedenen Disziplinen (aktuelle Überblicke: Edel, Song, Wiewelhove & Ferrauti, 2019; Fernández-García, Blanca-Torres, Nikolaidis & Torres-Luque, 2019; Lees, 2019; Meffert, O'Shannessy, Born, Grambow & Vogt, 2019; Myers et al., 2019; Söfüt, Luz, Kaya & Altunsoy, 2019), vor allem in den Bereichen Aufmerksamkeit, Wahrnehmung und Antizipation, aber auch bezüglich Kreativität und Spielintelligenz sowie des Arbeitsgedächtnisses. Dennoch sind viele wissenschaftliche Ergebnisse noch nicht in die Praxis transferiert worden.

In diesem Buch werden zum ersten Mal wissenschaftlich fundierte Aussagen zum Kognitionstraining im Tennis gemacht. Dabei werden sowohl inhaltliche als auch methodische, diagnostische und praktische Aspekte aufgearbeitet.

Im ersten Teil des Buches werden Grundlagen für ein kognitives Training gelegt: Was sind die entscheidenden Faktoren, die man schulen kann? Welche Modelle stehen bereit? Welche Evidenzen gibt es dazu? Darüber hinaus werden diese Erkenntnisse auch mit der Coachingpraxis verknüpft. Durch ein einziges Wort können Trainer die Aufmerksamkeitsfoki der Spieler variieren. In Situationen, in denen Variabilität und Kreativität gefragt sind, brauchen wir einen möglichst breiten Aufmerksamkeitsfokus. Wenn dagegen Bewegungen und Aktionen zu antizipieren sind bzw. wir auf bestimmte Ereignisse achten müssen, dann hilft uns ein enger Aufmerksamkeitsfokus. Dazu wurden in den letzten 15 Jahren viele Studien durchgeführt und wir wissen auch, welche Rollen das Arbeitsgedächtnis dabei spielt.

Die mögliche kognitive Diagnostik wird anhand des zugrunde liegenden Modells im Anschluss in Tests zu elementaren Kognitionen im Labor und Feld unterteilt. Um beispielsweise festzustellen, wie groß der Aufmerksamkeitsfokus eines Spielers ist, kann man im Labor sehr genau dessen Aufmerksamkeitsfenster bestimmen. In sehr umfangreichen sportwissenschaftlichen Studien mit Spitzensportlern wurden Aufmerksamkeitstests entwickelt, mit denen das Aufmerksamkeitsfenster eines Athleten auf das Grad genau bestimmt werden kann.

Darüber hinaus gibt es Diagnostiktools, die man in der Praxis einsetzen kann. Man kann beispielsweise erfassen, wie sich Spieler gegen Störvariablen abschirmen, also auf eine Sache konzentrieren können, wie ausgeprägt verteilte oder selektive Aufmerksamkeit sind und wie gut sich Athleten fokussieren können. Dafür gibt es zahlreiche Testverfahren. Gleichzeitig gibt es etablierte, spielnahe Sportspieltests im Feld (Halle oder Sportplatz), mit denen man die allgemeine, sportspielübergreifende Kompetenz von Sportlern bei der Suche nach Lücken und das Freilaufen im Raum bewerten kann. Diese bilden ein basistaktisches Fundament und sind nicht nur im Tennis, sondern auch in anderen Sportspielen von Bedeutung.

In Kap. 5 werden Schulungsbeispiele für ein kognitives Training gegeben. Trainer und Vereine müssen noch mehr dafür sensibilisiert werden, dass Aufmerksamkeit und Kreativität trainiert werden können. Gerade Antizipation, aber auch Wahrnehmung und Aufmerksamkeit, können hervorragend geschult werden. Dazu werden zahlreiche Spielformen beschrieben, die nach dem inhaltlichen Modell des kognitiven Trainings strukturiert sind, welches im nächsten Kapitel beschrieben wird.

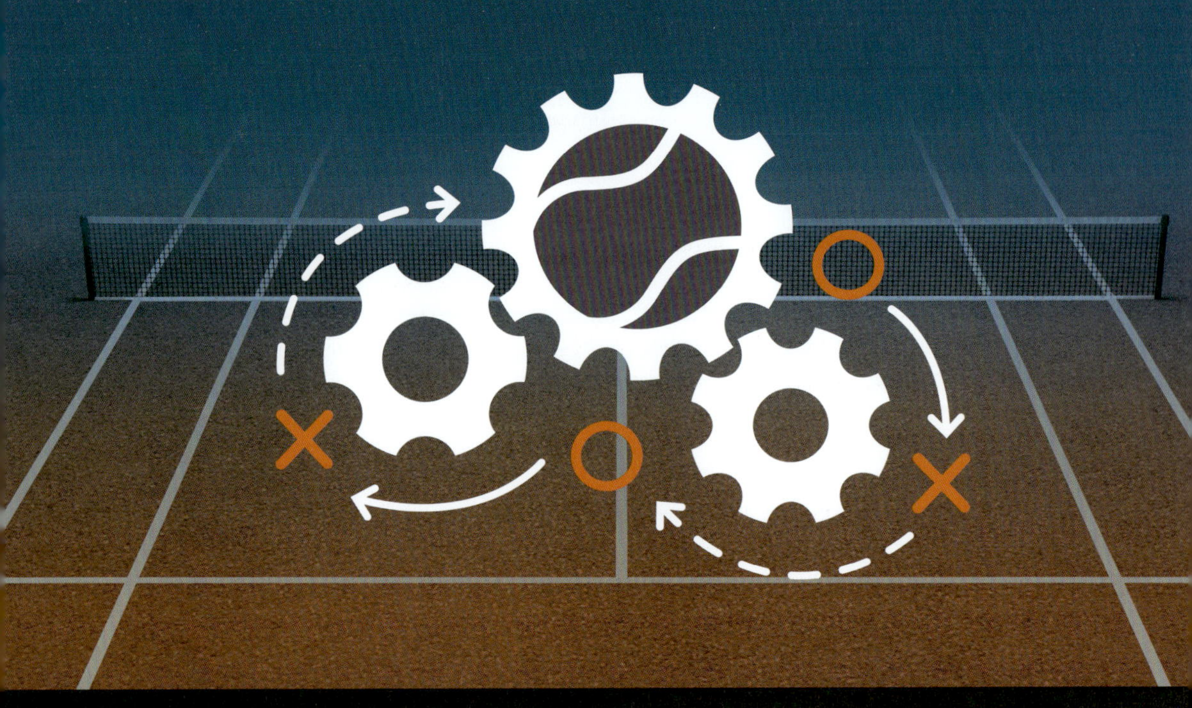

2 DEFINITION UND RELEVANZ VON KOGNITIONEN

Was sind nun *Kognitionen* oder *kognitive Prozesse* aus wissenschaftlicher Perspektive genau? Die Verwendung des Begriffs *Kognition* hat eine lange Tradition, die von Tolman über Hebb und Neisser bis zu Gazzaniga, alles berühmte Wissenschaftler, reicht. An dieser Stelle wird darauf verzichtet, einen genauen Überblick über die vorhandene Definitionsvielfalt zu geben (z. B. für einen Überblick in der Psychologie, Neisser, 2014; für einen Überblick im Sport, Memmert, 2004a). In Abgrenzung zu rein physiologischen, neuronalen und präkognitiven Vorgängen charakterisieren Roth und Menzel (2001, S. 539) geistige Leistungen durch sechs kognitive Prozesse:

- integrative, häufig multisensorische und auf Erfahrung beruhende Wahrnehmungsprozesse;
- Prozesse, die das Erkennen individueller Ereignisse und das Kategorisieren bzw. Klassifizieren von Objekten, Personen und Geschehnissen beinhaltet;
- Prozesse, die bewusst oder unbewusst auf der Grundlage interner Repräsentationen (Modelle, Vorstellungen, Karten, Hypothesen) ablaufen;

- Prozesse, die eine erfahrungsgesteuerte Veränderung von Wahrnehmung beinhalten und deshalb zu veränderlichen Verarbeitungsstrategien führen;
- Prozesse, die Aufmerksamkeit, Erwartungshaltungen und aktives Explorieren der Reizsituation voraussetzen oder beinhalten;
- „mentale Aktivitäten".

Im Allgemeinen und etwas vereinfacht zusammengefasst, werden Kognitionen als höhere geistige Funktionen und Prozesse definiert, die notwendig sind, um in bestimmten Situationen gezielt adäquate Lösungen in unserer Umwelt zu generieren.

Die Bedeutung von kognitiven Fähigkeiten ist im Sport alles andere als abschließend geklärt und befindet sich gerade vielmehr in einer intensiven Diskussion. Diese erstreckt sich auch (und vor allem) in die Psychologie (siehe für einen Überblick Simons et al., 2016; Hambrick, Burgoyne & Oswald, 2019). Somit befinden wir uns in einer spannenden Phase, sowohl für die Sportwissenschaft als auch für die Sportpraxis. Während beispielsweise die eine Arbeitsgruppe seit Jahren Daten vorlegt, die zeigen, dass ein Training der Arbeitsgedächtniskapazität in einem positiven Zusammenhang zu verschiedenen kognitiven Leistungen steht (vgl. Klingberg, 2010), konnten diese Zusammenhänge von einer anderen Arbeitsgruppe in einer gewissen Regelmäßigkeit nicht bestätigt werden (vgl. Owen et al., 2010). Im Prinzip geht es immer darum, ob das Training einer elementaren kognitiven Fähigkeit zu Transfereffekten auf andere domänenspezifische Leistungen führt.

Exekutive Funktionen

Ein aktuelles Mainstreammodell für Kognitionen aus der Psychologie (Alvarez & Emory, 2006), welches auch in der Sportpsychologie hin und wieder als Grundlage von Forschungsprogrammen eingesetzt wird, beschreibt die Steuerung und Regulierung spezifischer kognitiver Prozesse in Menschen. Diese sogenannten *exekutiven Funktionen* (EF) regeln zielgerichtetes, zukunftsorientiertes Verhalten (Friedman et al., 2006), also Prozesse wie die Entscheidungsfindung (d. h. die Auswahl zwischen mehreren Alternativen). EF werden weiter unterschieden in „Core-EF" (CEF) und „Higher-Level-EF" (HEF), wobei Erstere durch das Arbeitsgedächtnis, kognitive Flexibilität und inhibitorische Prozesse charakterisiert sind, während HEF Problemlöse- und Argumentationsstrategien sowie Planungsprozesse involviert (Diamond, 2013).

Diese Fähigkeiten entwickeln sich mit dem Alter, da sie auf verschiedene präfrontale Gehirnstrukturen angewiesen sind. Die neuronale Struktur, die den HEFs zugrunde liegt, ist der präfrontale Kortex. Dieser reift nur langsam und als Letzter in der Entwicklung; die volle Kapazität wird hier erst zwischen 20 und 29 Jahren erreicht (Luciana et al., 2005). Die CEFs hingegen entwickeln sich schon früher im Leben vollumfänglich, meist schon vor der frühen Adoleszenz (Crone et al., 2006). In diesem Buch bilden beide die Grundlage der vorgestellten Modelle und Befunde.

Mit den CEFs werden das Arbeitsgedächtnis, Tracking von Objekten, Inhibitionsprozesse unter Auslastung der Wahrnehmungskapazitäten und Flexibilität des Aufmerksamkeitsfensters in Verbindung gebracht, da sich diese früher als die HEFs entwickeln und dadurch ein Schlüsselindikator im frühen Entwicklungsprozess von Spielern sein könnten. Mit dem HEFs werden Antizipation, Spielintelligenz und Spielkreativität thematisiert, die sich (nicht nur, aber) auch in späteren Schulungsphasen gewinnbringend trainieren lassen.

In zwei sportwissenschaftlichen Metaanalysen (Voss et al., 2010; Scharfen & Memmert, 2019a) konnten kleine bis mittlere Effekte von grundlegenden kognitiven Leistungen bei Experten nachgewiesen werden, was auf überlegene (basale) kognitive Fähigkeiten von Eliteathleten hinzudeuten scheint. Einzelne Arbeitsgruppen haben darüber hinaus herausgefunden, dass Sportspielexperten (insbesondere Fußballprofis) herausragende basale, kognitive Fähigkeiten zu besitzen scheinen (Vestberg et al., 2012; Verburgh et al., 2016).

Es muss aber kritisch darauf hingewiesen werden, dass die Anzahl der Studien noch zu gering ist, die methodische Qualität überschaubar und es auch publizierte und nicht publizierte Studien gibt, die keine Zusammenhänge nachgewiesen haben (vgl. Furley, Schul & Memmert, 2017).

Zuletzt demonstrierte eine Querschnittsstudie von Scharfen und Memmert (2019b) bei hochtalentierten Nachwuchsleistungsfußballern, dass beispielsweise ein großes Aufmerksamkeitsfenster für komplexere motorische Fähigkeiten, wie zum Beispiel Dribbeln, von Vorteil sein kann. Außerdem deutet eine geringere Reduzierung der individuellen Ablenkbarkeit *(Perceptual Load)* auf eine höhere Geschwindigkeit beim Sprint hin. Hinzu kommt, dass ein besseres Arbeitsgedächtnis Auswirkungen auf eine präzisere Ballkontrolle und Dribblingfähigkeit hat. Diese Befunde müssen in naher Zukunft repliziert werden, insbesondere auch in größeren Stichproben.

Wie auch ein systematischer Überblick über kommerzielle kognitive Trainingsprogramme und deren Auswirkungen auf den Einsatz im Sport zeigt (Harris, Wilson & Vine, 2018), sind noch viele Fragen offen und müssen in Folgestudien geklärt werden. Dennoch sind wir der festen Überzeugung, dass wir in der Praxis beginnen müssen, kognitive Fähigkeiten zu schulen, auch bevor die Wissenschaft alle Fragen von A bis Z beantwortet hat. An vielen Stellen bedarf es ein wenig Mut, an anderen Stellen wird Demut und Zurückhaltung gefragt sein. Das Dilemma von allgemeinen, domänenunspezifischen Kognitionen kann vielleicht am besten an der Metapher eines Transportmittels wie des PKWs oder des Flugzeugs verdeutlicht werden.

Einerseits, unabhängig davon, ob das Fahrzeug ein Sportwagen, Traktor oder LKW ist, je größer der Motor ist (unspezifisch, da Motoren auch in vielen Geräten Anwendung finden), desto schneller wird man fahren. Je besser die Technik ist (auch erst einmal unspezifisch), desto sicherer wird man unterwegs sein usw.

Andererseits haben unterschiedliche Transportmittel auch unterschiedliche Anforderungsprofile. Ein Flugzeug benötigt beispielsweise einen ganz anderen Motor sowie andere Reifen. Während man in der Raumfahrt- bzw. Automobilindustrie schon genauer weiß, welches Gemisch an Gummimaterialien für Reifen von Flugzeugen oder Autos optimal ist (oder für beide), kann dies im komplexen Sport für kognitive Prozesse noch nicht gesagt werden.

Kognitionen in Analogie zum Laktat

Eine gute Ausdauer (abgebildet über das Stoffwechselabbauprodukt Laktat) wirkt einer frühen Ermüdung entgegen, *unabhängig* davon, welche Sportart (z. B. Handball, Leichtathletik, Kraftsport) man betreibt. Dies zeigt sich beispielsweise in einer reduzierten Zeitdauer, die zur Erholung zwischen den Trainingseinheiten oder zwischen den Trainingssätzen notwendig ist.

In einer klassischen Untersuchung von Spencer und Gastin (2001) konnte selbst beim 200-m-Sprint, der deutlich unter 30 Sekunden liegt, nachgewiesen werden, dass immer noch eine Beteiligung von knapp 30 % eines aeroben Metabolismus vorliegt. Somit kann Laktat als ein *unspezifischer* (= unabhängig von der Bewegung/Sportart) Parameter (analog zu *unspezifischen* Gedächtnis- und Aufmerksamkeitsprozessen) für die aerobe Laufleistungsfähigkeit eines Sportlers bezeichnet werden.

> Als vor 40 Jahren zum ersten Mal Laktat im Sport untersucht wurde (Ekblom, 1986), gab es auch große Skeptiker in der Wissenschaft und in der Praxis. Heute ist die Laktatdiagnostik ein fester Bestandteil der Trainingssteuerung sowie deren gezielter und systematischer Einsatz ist im Jugend-Nachwuchs-Leistungssport sowie Profisport nicht mehr wegzudenken.

Übertragen wir das Beispiel des Motors auf das Sportspiel, so kann dies auf der einen Seite bedeuten, dass ein exzellenter Tennisspieler von einem breiten Aufmerksamkeitsfokus oder einem großen Arbeitsgedächtnisspeicher profitiert und dadurch – entweder durch einen Talentauswahlprozess oder durch viel Erfahrung in Tennissituationen oder beides – einen breiten Aufmerksamkeitsfokus oder ein großes Arbeitsgedächtnis erworben hat und damit in der Lage ist, auch bessere Entscheidungen zu fällen, da er mehr mögliche Lösungen in den Entscheidungsprozess integrieren kann.

Auf der anderen Seite ist es (im Moment noch) auch plausibel, dass exzellente Tennisspieler bei Aufmerksamkeits-, Arbeitsgedächtnistests und Leistungen auf dem Platz nur deshalb so gut abschneiden (übrigens auch bei Talentauswahlprozessen), weil sie über andere Talente oder Fähigkeiten verfügen, die alle ihre sportlichen Leistungen in hohem Maße beeinflussen. Beispielsweise könnte dies hoher Ehrgeiz, ein hohes Leistungsmotiv oder eine hohe Anstrengungsbereitschaft sein.

Es ist schwer, abzuschätzen, welche der beiden Positionen in der Zukunft empirisch unterstützt werden. Vielleicht wird, wie so oft im Leben, beides seine Berechtigung haben und/oder die „Wahrheit" in der Mitte liegen. Nicht nur aus diesem Grund empfiehlt es sich an dieser Stelle, mutig und demütig zugleich zu sein und in den nächsten Kapiteln weitere bisherige Befunde aus der Bewegungswissenschaft und Sportpsychologie zu elementaren Kognitionen zu diskutieren. Und: Dies ist gar nicht so wenig.

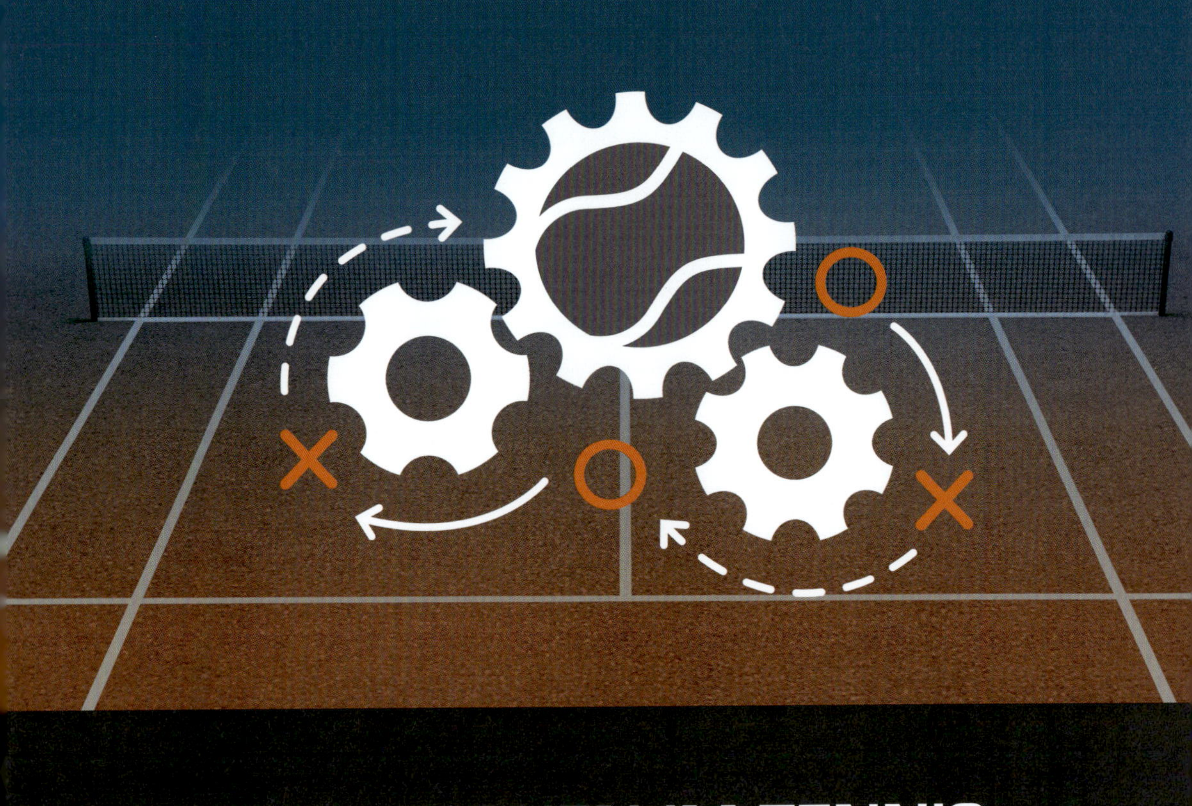

3 KOGNITIONEN IM TENNIS

Übertragen auf das Sportspiel bzw. Rückschlagspiel (z. B. Tennis), finden sich in Tab. 1 elementare Kognitionen aus biopsychologischer, evolutionspsychologischer, entwicklungspsychologischer und kognitionspsychologischer Perspektive, die in lose Verbindungen zu basistaktischen Kompetenzen gebracht werden können, welche wiederum in verschiedenen Sportspielen von grundlegender Bedeutung sein können.

Tab. 1: Darstellung elementarer Kognitionen hinsichtlich verschiedener Teildisziplinen, die als kognitive Grundlage zur Bewältigung basistaktischer Aufgabenstellungen im Sportspiel dienen könnten (aus Memmert, 2004a, S. 137).

Aufgaben-stellungen	Operatio-nalisierung	Biopsy-chologie	Evolutions-psychologie	Entwicklungs-psychologie	Kognitions-wissenschaften
Ziel ansteuern	Zeitpunkt und Ort ansteuern	Zielgerichtete Orientierungs-leistungen		Objektsuche	Orientierung auf ein Ziel
Ball dem Ziel annähern	Distanzabschätzung	Beurteilungen von Richtungen		Distanz-codierung	Entfernungs-differenzierung
Lücken ausnutzen	Räumliche Entscheidung	Lokalisation von Objekten		Objekt-bezogene Wahrnehmung	Objekt-differenzierung
Gegnerbehinderung umgehen	Ausweichen von Bällen	Reiz-bezogene Reaktionen	Reiz-bezogene Reaktionen	Konkrete Reaktionen	Reizbezogene Reaktionen
Zusammen-spiel	Adäquates Abspiel	Zeitlich-räumliche Struktur von Sinneswahr-nehmungen	Objekt-beziehung		Visuelle Orts-bestimmung
Vorteil herausspielen	Überzahl heraus-spielen	Räumliche Vorstellungen	Raum-bezogene Reaktionen	Ortsbezogene Reaktionen	Ortsbezogene Reaktionen
Anbieten & Orientieren	Raumorien-tierung	Kognitive Karten	Räumliche Orientierung	Raum-kognition	Raumkognition

Neben solchen sportspielübergreifenden, basalen Kognitionen, wie „Lücken ausnutzen" (vgl. Kap. 4), wurden in der Sportwissenschaft auch seit vielen Jahren komplexere kognitive Fähigkeiten diskutiert. In Anlehnung an die Paradigmen aus der Psychologie wurde ein Prozessmodell des Ablaufs menschlicher Entscheidungshandlungen entwickelt (Memmert, 2013, 2017a, b; Memmert & Roth 2003; Roth & Hossner 1999), das die kognitiven Fähigkeiten Antizipation, Wahrnehmung, Aufmerksamkeit, Kreativität, Spielintelligenz und Gedächtnis beinhaltet (vgl. Abb. 1). Dieses Modell ist vorrangig für Sportspiele entwickelt worden, da beim Schwimmen oder in der Leichtathletik Kreativität oder Aufmerksamkeit keine so zentrale Rolle spielen wie etwa im Tennis; denn: In den Sportspielen werden viele verschiedene Lösungsmöglichkeiten benötigt, um ans Ziel zu gelangen.

Konkreter für Tennis bedeutet dies: Weil Tennisspieler eine Situation aufgrund ihrer Vorerfahrungen, die im Gedächtnis abgelegt sind, antizipieren wollen, werden einzelne Umweltfaktoren unbewusst oder bewusst wahrgenommen, und es wird ihnen Aufmerksamkeit geschenkt. Nach der bewussten bzw. extrem oft unbewussten geistigen Generierung einer bestimmten Zahl von Lösungsvarianten, die im Lösungsraum des Gedächtnisses präsent sind, wird schließlich eine Best-Lösung oder eine kreative Idee ausgewählt. Dies kann an folgender Sequenz vom Halbfinalspiel Roger Federer gegen Novak Djokovic bei den Australien Open 2016 veranschaulicht werden.

Praktisches Beispiel von Kognitionen im Weltklassetennis
(siehe https://youtu.be/4FqOdvvsEYc)

Roger Federer entscheidet sich, Djokovic zu überraschen und somit *kreativ* (statistisch selten) Serve and Volley auf seine Rückhand zu spielen. Im Vorlaufen nimmt er *wahr*, dass der Return trotz seines guten Aufschlags flach, als Slice, auf seine Füße zurückgespielt wird. *Spielintelligent* antwortet Federer darauf mit einem Halbvolley-Stop, den Djokovic *antizipiert* und nun seinerseits einen Lob *spielintelligent* über Federer hebt. Dieser hat in seinem *Arbeitsgedächtnis* die voraussichtliche nächste Position von Djokovic abgelegt und spielt einen Lob zurück. Djokovic gelingt es in der Offensive nicht, den Ballwechsel für sich zu entscheiden, da Federer in der Defensive jeweils die richtige Ecke *erahnt.* Am Ende gewinnt Federer den Ballwechsel mit einem sehr *kreativen* und überraschenden Rückhand-Passierschlag. Es gelingt ihm dabei, Djokovic zu täuschen, woraufhin dieser die falsche Seite am Netz abdeckt (*falsch antizipiert*).

Federer verfügt wahrscheinlich über ein großes *Aufmerksamkeitsfenster*, das ihn neben seinen technisch-taktischen Fähigkeiten und Fertigkeiten befähigt, so oft *kreative* und *spielintelligente Lösungen wie im Beispielvideo zu finden.*

Akzentuiert werden im Folgenden die kognitiven Faktoren Antizipation, Wahrnehmung, Aufmerksamkeit, Spielintelligenz, Kreativität sowie Gedächtnisprozesse, die für die erfolgreiche Lösung taktischer Situationen im Tennis verantwortlich zeichnen (Abb. 1). Die Darstellung der einzelnen psychologischen Prozesse folgt dabei einem weitestgehend akzeptierten zeitlichen Ablauf, wobei im realen Kontext nicht notwendigerweise alle perzeptiv-kognitiven Phasen durchlaufen werden müssen.

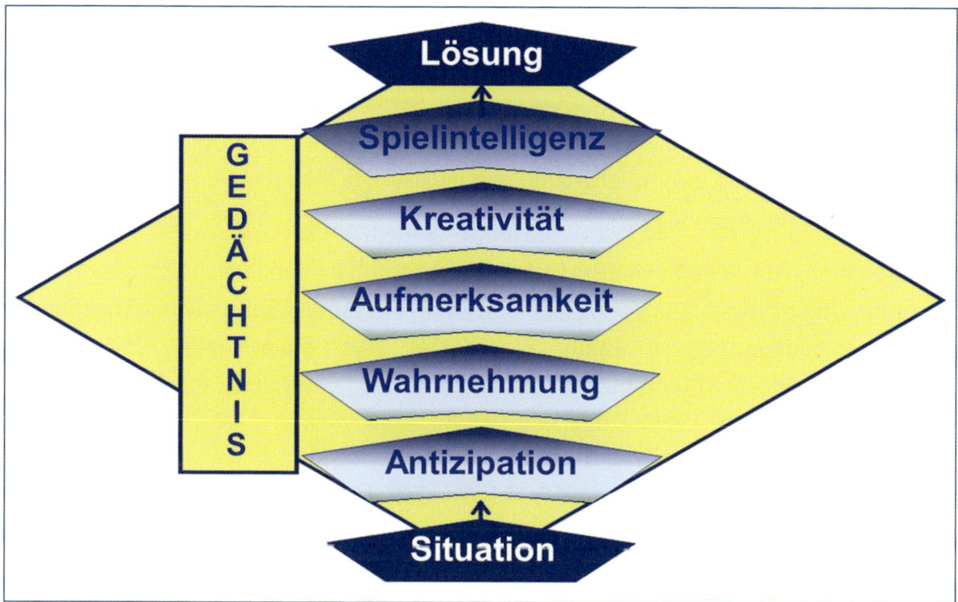

Abb. 1: Überblick über die zentralen kognitiven Leistungsfaktoren, die allen Handlungen im Tennis zugrunde liegen (Memmert, 2013). Nicht notwendigerweise müssen bei der Generierung tennisspezifischer Situationslösungen alle perzeptiv-kognitiven Phasen durchlaufen werden.

3.1 Antizipation

In vielen Sportspielen spielt die *Antizipation* eine herausragende Rolle (Hagemann & Loffing, 2013). Beispielsweise ist im Tennis die Zeit, um einen ersten harten Aufschlag zu retournieren, so kurz, dass die Returnspieler die Richtung des Balls vor dem Ballkontakt oder im Ballkontakt vorhersehen müssen. Deshalb hat sich die Forschung in den Sportspielen differenziert mit den entsprechenden latenten oder offensichtlichen Hinweisreizen der Akteure (z. B. Position auf dem Platz, Huesmann & Loffing, 2019) beschäftigt, die für die Antizipation der Handlungsabsichten der gegnerischen Athleten herangezogen werden können (vgl. zusammenfassend Loffing, Cañal-Bruland & Hagemann, 2014).

Verschiedene Experimente haben bestätigt, dass Experten frühere und präzisere Vorhersagen durch die vorangegangene Bewegungsrichtung der Gegenspieler treffen können (gute Übersichten finden sich bei Williams & Ward, 2003; Farrow & Abernethy, 2007; Loffing, Cañal-Bruland & Hagemann, 2014). Weitere Studien zeigen, dass verschiedene Teile des Körpers als antizipationsrelevante Regionen („Information-Rich Areas", Magill, 1998) eingeordnet werden können und dann zur Ableitung von Hinweisen für nachfolgende Aktionen genutzt werden können (für einen Überblick, Cauraugh & Janelle, 2002).

Antizipation in einer anderen Rückschlagsportart

Beim Badminton beispielsweise dienen nicht nur vom Körper entfernte Bereiche, wie der Schläger oder die Flugbahn des Balls, sondern auch Arm und Oberkörper als wichtige Informationsquellen, um den nächsten Schlag des Gegners zu antizipieren (Abernethy & Russell, 1987).

Insbesondere im Bereich der Rückschlagsportarten haben zahlreiche Studien den Antizipationsprozess analysiert. Sie haben eine Vielzahl an Sportspielen, wie zum Beispiel Badminton (e. g. Abernethy & Russell, 1987; Squash (z. B. Abernethy, 1990a; 1990b), Tischtennis (z. B. Ripoll & Fleurance, 1988) und Tennis (z. B. Goulet, Bard & Fleury, 1989; Singer, Cauraugh, Chen, Steinberg & Frehlich, 1996; Ward, Williams & Bennett, 2002) abgedeckt. Die auf diese Weise erworbenen antizipatorischen Fähigkeiten lassen sich zum Teil auf spätere Leistungen in realen Wettkampfsituationen übertragen (vgl. Farrow & Abernethy, 2002; Williams, Ward & Chapman, 2003).

Im Tennis wurden ausschließlich Grundschläge und Aufschläge zur Untersuchung von antizipatorischen Fähigkeiten herangezogen und – auf der einen Seite nicht überraschend – übereinstimmend gefunden, dass Tennisexperten genauer antizipieren können als Tenniseinsteiger (z. B. Triolet, Benguigui, Le Runigo & Williams, 2013; Smeeton & Huys, 2011). Auf der anderen Seite überrascht, dass sich Antizipationsverhalten im realen Spiel fast ausschließlich in „ungünstigen" Situationen beobachten lässt, in denen der Gegner einen erheblichen taktischen Vorteil hat (Triolet, Benguigui, Le Runigo & Williams, 2013).

Die klassische Untersuchung von Williams, Ward, Knowles und Smeeton (2002) im Tennis konnte zeigen (vgl. Abb. 2), dass weniger qualifizierte Spieler es vorziehen, sich auf die Schläger- und Ballregionen des Aufschlägers zu konzentrieren. Im Gegensatz dazu nutzen Experten eine synthetischere Suchstrategie, indem sie Vorkenntnisse und Erfahrung nutzen, um ihren Blick auf zusätzliche, vielleicht subtilere, aufgabenrelevante Informationsstellen zu lenken, die sich um die zentralen Körperbereiche herum befinden (z. B. Kopf-Schulter, Stamm-Hüfte). Spieler, die, bezogen auf diese Erkenntnisse, ein Wahrnehmungstraining erhielten, verbesserten ihre Antizipationsleistung beim Return, sowohl im Labor als auch im Feld, im Vergleich zu Placebo- und Kontrollgruppen, die keine solche Anleitung erhielten.

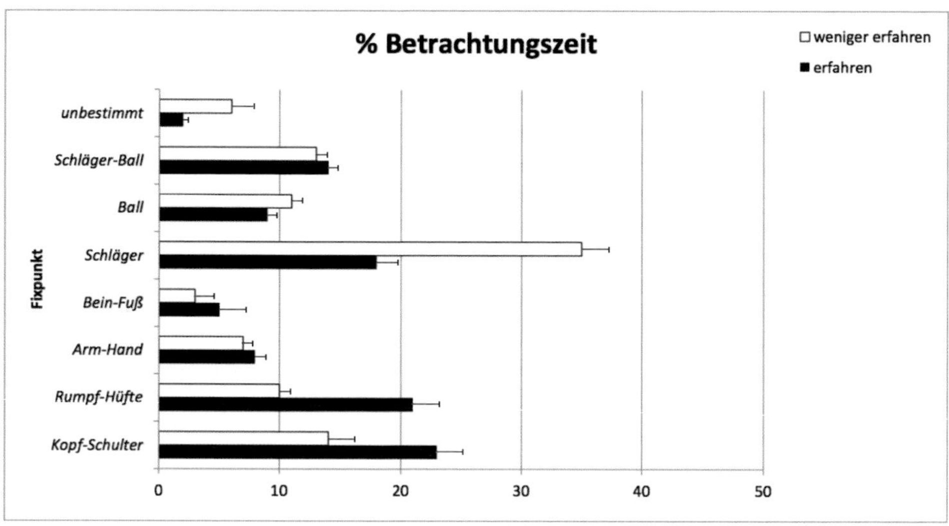

Abb. 2: Antizipationsrelevante Regionen beim Tennisaufschlag für den Returnspieler, die von weniger erfahrenen und erfahrenen Spielern identifiziert wurden (aus Williams et al., 2002).

Die Befunde von Williams et al. (2002) konnten von Jackson und Mogan (2010) bestätigt werden. Beim Tennisaufschlag weisen die Ergebnisse darauf hin, dass Informationen aus dem Ballwurf und der Arm- und Schlägerregion die Antizipationsleistung verbessern und dass mehr Expertise mit einem zunehmenden Bewusstsein für die Informationen, auf denen die Urteile beruhen, einhergeht.

Obwohl Huys et al. (2009) einen Rückgang in der Antizipationsleistung beobachteten, wenn lokale Informationen von Arm/Schläger sowie Rumpf/Beinen verdeckt wurden, deuten die Ergebnisse im Allgemeinen darauf hin, dass erfolgreiche Tennisspieler die Schlagrichtung durch einen globaleren Wahrnehmungsansatz vorwegnehmen können, insbesondere bei Topspielern.

Ein weiterer wichtiger Hinweis scheint zu sein, seine Schläge zu *verschleiern*. Rowe, Horswill, Kronvall-Parkinson, Poulter und McKenna (2009) zeigten, dass die Verschleierung die Genauigkeit der Antizipation deutlich reduziert. Der antizipatorische Vorteil der Experten wird durch Verschleierung bei 40 ms vor dem Schläger-Ball-Kontakt beseitigt. Diese Ergebnisse deuten darauf hin, dass die *Verschleierung* ein wichtiges Thema für Forschung und Praxis ist.

Zahlreiche weitere Untersuchungen haben auch die Schulung von Antizipation in anderen Sportspielen thematisiert (für einen guten Überblick Loffing, Hagemann & Farrow,

2017). In der Regel werden sportspezifische, antizipationsrelevante Informationen über filmbasierte Simulationen oder, weitaus seltener, Trainingseinheiten vor Ort mit einem Livemodell unterrichtet (Badminton: Tayler, Burwitz & Davids, 1994; Feldhockey: Williams, Ward & Chapman, 2003: Fußball: Savelsbergh, van Gastel & van Kampen, 2010; Squash: Abernethy, Wood & Parks, 1999). Diese Ergebnisse können verwendet werden, um Trainingsprogramme zu entwerfen sowie um zu testen, ob sie zur Verbesserung der Antizipationsfähigkeiten von Sportlern, insbesondere von Anfängern, verwendet werden können.

Eine besonders wichtige Frage ist, wie die Antizipationsfähigkeiten durch verschiedene Lehrmethoden gefördert werden können (vgl. Farrow & Abernethy, 2002; Smeeton, Williams, Hodges & North, 2004; Williams, Ward & Chapman, 2003; Williams, Ward, Knowles & Smeeton, 2002). Welche Instruktionsform ist die vielversprechendste, um das Erlernen von antizipatorischen Fähigkeiten zu erleichtern (vgl. auch Meier, Fett & Gröben, 2019)?

Memmert et al. (2009) testeten verschiedene Trainingsbedingungen (Prinzip „vom Leichten zum Schweren", Kontext-Interferenz-Bedingungen und Feedbackeffekte) auf die Verbesserung der Antizipationsfähigkeiten hin. Es zeigt sich, dass ein variables, randomisiertes und mit wenig Feedback behaftetes Training von Vorteil ist. Andere Studien haben explizites, implizites und kontrolliertes, exploratives Lernen evaluiert. Jackson und Farrow (2005) präsentieren einen Überblick über die verschiedenen Ansätze zur Ausbildung von Antizipationsfähigkeiten und diskutieren die möglichen Vorteile implizierter Lernmethoden.

Außerdem konnte nachgewiesen werden, dass eine sportartspezifische Antizipationsfähigkeit entwickelt werden kann, ohne dass eine direkte Verbindung zwischen Wahrnehmung und Motorik (= sportartspezifische Bewegungstechnik) erforderlich ist (Williams, Ward, Smeeton & Allen, 2004). Dies ermöglicht ein Wahrnehmungstraining unter Laborbedingungen für verletzte Athleten, für Athleten, die sich auf der Reise zum Wettkampfort befinden oder für Athleten, die gerne zusätzliches, eigenständiges Training zu Hause durchführen möchten.

Hagemann und Memmert (2006) zeigten darüber hinaus, dass verbale Anweisungen und geeignete Aufgaben im Badminton innerhalb eines „echten", feldbasierten Trainingsprogramms die Antizipationsleistung ebenso verbesserten wie ein videobasiertes Laborprogramm.

Beispiel: Wirksamkeit eines Antizipationstrainings im Feld

Exemplarisch soll anhand einer Trainingsstudie von Hagemann und Memmert (2006) verdeutlicht werden, dass auch ein feldbasiertes Antizipationstraining im Vergleich zu einem laborbasierten Antizipationstraining (anhand von Videoclips) zu einer Verbesserung der spezifischen Antizipationsfähigkeit führen kann. Die feldbasierte Trainingsintervention wurde auf Erkenntnissen zur Antizipationsfähigkeit im Badminton aufgebaut (vgl. Abernethy & Russell, 1987).

Alle Spieler erhielten Aufgabenstellungen, bei denen sie die Richtung eines gegnerischen Schlags vorhersagen sollten. Die Antizipationsleistung wurde vor und nach der Intervention und in einem späteren Transfertest mit einem etablierten badmintonspezifischen Antizipationstest erfasst (vgl. Abernethy & Russell, 1987).

Die Ergebnisse der feldbasierten Intervention zeigen, dass es möglich ist, die Antizipation von Überkopfschlägen im Badminton zu trainieren. Dieser Effekt ist unabhängig vom Trainer. Dies konnte dadurch bestätigt werden, dass alle Teilnehmer der verschiedenen Trainingsgruppen an zwei verschiedenen Universitäten (Heidelberg und Münster) ihre antizipatorischen Leistungen verbessert haben. Die Gründe, warum die Antizipationsfähigkeit der feldbasierten Intervention etwas schwächer ist als die der laborbasierten, könnte darauf zurückzuführen sein, dass die meisten Spieler Anfänger waren, da die Übungen in der Regel mit einem Partner aus der gleichen Trainingsgruppe durchgeführt wurden.

Die Analyse der Videoclips im Hinblick auf die Expertise der Probanden zeigt dies explizit an. Die Teilnehmer der laborbasierten Intervention, der einzigen Gruppe, die Videomaterial mit Bundesligaspielern erhielt, zeigen in der Regel eine erfolgreiche Anpassung, indem sie die Schläge von Bundesligaspielern antizipieren, nicht aber die von Novizen oder Regionalligaspielern. Dies bestätigt die Bedeutung der Verwendung von Experten als Vorbilder im Trainingsprozess, insbesondere, wenn man bedenkt, dass es generell schwieriger ist, die Schlagrichtung von Bundesligaspielern vorherzusagen.

Die Verwendung von Instruktionen ermöglicht es somit den Trainern, die Aufmerksamkeit der Athleten auf antizipationsrelevante Regionen zu lenken, die die wichtigsten Bewegungsmerkmale enthalten.

3.2 Wahrnehmung

Wahrnehmungsfähigkeiten spielen im Sport eine dominante Rolle (Williams, Davids & Williams, 1999). Sportspiele zeichnen sich häufig durch komplexe Situationen aus, in denen in möglichst kurzer Zeit angemessene Reaktionen hervorgerufen werden müssen. Die (korrekte) Wahrnehmung und Nutzung von Informationen ist daher wichtig für eine erfolgreiche Handlungsplanung und -durchführung, weshalb herausragende Sportler sich gerade in dieser Fähigkeit von durchschnittlichen Sportlern unterscheiden.

Andy Murray erkennt sofort, dass sein Gegner einen Winner mit der Vorhand nur antäuscht, in Wahrheit aber einen Stopp spielen will und kann den Ball daher ganz locker erlaufen und den Punkt für sich entscheiden.

Serena Williams liest das Defensivverhalten ihrer Gegnerinnen besonders gut und aufgrund dessen gelingt es ihr häufig, Bälle gegen deren Laufrichtung zu spielen.

Beispielsweise muss ein Athlet in extrem kurzer Zeit die Spielsituation exakt erfassen, um „richtig" reagieren zu können. Reaktionen auf Gegenspieler sind elementar im Tennis, denn ohne exakte Hinweise aus der Umgebung ist eine angemessene Handlungsplanung nur schwer möglich. Dafür relevant sind verschiedene Wahrnehmungsaspekte, wie z. B. Position des Gegenspielers, freie Räume, Abstände, Technikvarianten etc.

„Wahrnehmung wird definiert als der durch die sensorische Verarbeitung von Reizen verschiedener Sinnesmodalitäten geprägte subjektive Eindruck unserer Umwelt oder unseres Körpers. Vereinfacht gesagt, beschreibt Wahrnehmung den Prozess der Aufnahme, Selektion sowie Verarbeitung unterschiedlicher Reize und bildet die Grundlage menschlicher Erkenntnis, Erfahrung und Handlung (Marr, 1982). Individuell gemachte Erfahrungen basieren auf Informationen, welche eine Person über ihre Sinne aufnimmt, verarbeitet und in subkortikalen und kortikalen Erkennungsstrukturen der unterschiedlichen Wahrnehmungssysteme speichert (Bruce, Green & Georgeson, 1996).

Wahrnehmungsprozesse beinhalten demnach zunächst alle Aktivitäten, welche dem Erhalt von Informationen dienen. Die menschliche Wahrnehmung erfolgt über einen oder mehrere Sinne und hilft dabei, die Umwelt zu erfassen und einzuordnen. Dabei spielt insbesondere die visuelle Wahrnehmung in vielen alltäglichen Situationen, wie auch im Sport, eine sehr wichtige Rolle. Sie beschreibt die Aufnahme und Weiterleitung verschiedener Stimuli mithilfe des Auges – kurz gesagt, den Sehsinn.

Aus physiologischer Perspektive geht es bei der visuellen Wahrnehmung um die Aufnahme von Photonen mithilfe von Photorezeptoren im Auge und die Umwandlung dieser Reize in elektrische Signale, welche zuerst im okzipitalen Bereich des Gehirns, dann in vielen anderen Hirnregionen erfasst, weiterverarbeitet und interpretiert werden.

Auf psychologischer Ebene stellt die visuelle Wahrnehmung die Erfassung von Farbe, Form/Gestalt, Bewegung etc. dar. Diese Komponenten stellen für den Menschen eine der wichtigsten, wenn nicht sogar die wichtigste Art der Wahrnehmung seiner Umwelt dar, da meist auf Grundlage der visuellen Wahrnehmung verschiedene Situationen interpretiert und Entscheidungen getroffen werden" (Memmert, Hüttermann & Kreitz, 2019).

Im Folgenden werden verschiedene Befunde (einige aus dem Tennis, aber auch vornehmlich aus dem Fußball) besprochen, die grob in die folgenden vier Bereiche eingeordnet werden können (vgl. Tab. 2).

Tab. 2: Einordnung der bisherigen Befunde zum Wahrnehmungstraining in verschiedenen Sportspielen

	Informationsgabe des Sportlers (Handlungsintention)			
Informations-verarbeitung des Gegners	Bewusst	Korrekt	Bewusst	Nicht korrekt (Täuschung)
	Unbewusst	Korrekt	Unbewusst	Nicht korrekt (Täuschung)

3.2.1 Bewusste Wahrnehmungsprozesse auf der Basis korrekter Informationen

Bewusste Wahrnehmungsprozesse auf der Basis korrekter Informationen wurden bislang am intensivsten im Sportspiel untersucht. Die meisten Forschungsansätze bestimmen dabei die Wahrnehmungsstrategien von Sportspielern anhand von Blickbewegungsanalysen (für einen Überblick Hüttermann, Noel & Memmert, 2018; Kredel, Vater, Klostermann & Hossner, 2017).

Zusammenfassend zeigt sich, dass erfahrene Sportspieler gelernt haben, ihre Wahrnehmungsleistung durch gezielte Strategien zu verbessern. In einem Überblicksartikel von Mann, Williams, Ward und Janelle (2007) wurden Unterschiede in den Wahrnehmungsstrategien zwischen Tennisexperten und Novizen diskutiert. Die Experten benutzten wenige, aber dafür längere Blickfixationen, die zumeist auf Mit- und Gegenspieler gerichtet sind (vgl. Abb. 3).

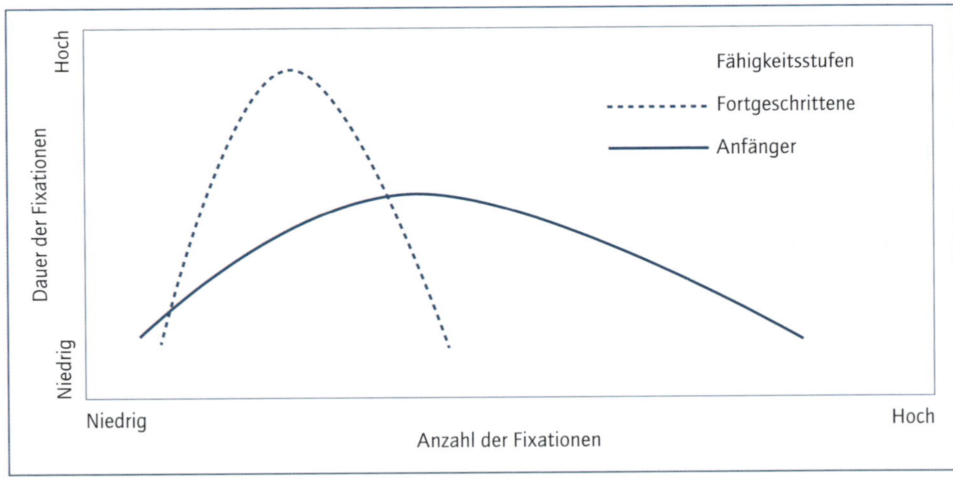

Abb. 3: Generalisierter Zusammenhang zwischen Anzahl der Fixationen und Dauer der Fixationen (nachgezeichnet aus Tenenbaum, 2003, S. 197)

Nicht überraschend erkannten Experten Spielszenen genauer wieder als weniger erfahrene Sportler (z. B. Goulet, Bard & Fleury, 1989). Die Ergebnisse von Shim, Carlton, Chow und Chae (2010) deuten darauf hin, dass Tennisexperten in der Lage sind, Bewegungsinformationen bei zeitkritischen Tennisschlägen zu nutzen, um die Richtung zu bestimmen und diese Informationen zu nutzen, um ihre Reaktionszeiten deutlich zu reduzieren.

Es gibt zahlreiche Studien, die mithilfe von Blickbewegungsregistrierung Erkenntnisse gewonnen haben (im Überblick Schulz et al., 2018). Dabei zeigt sich, dass exzellente Athleten bereits auf die Absicht von Mit- und Gegenspielern schließen können, bevor eine entsprechende Handlung ausgeführt wurde. Sie wissen demnach, an welchen relevanten Körperregionen des Gegenspielers, sowie zu welchem Zeitpunkt Wahrnehmungsinformationen in ihrer Umgebung besonders wichtig sind („Information-Rich Areas"; vgl. Abb. 2 S. 35), und verweilen mit ihrem Blick länger an diesen Orten (vgl. Abb. 3).

Speziell im Tennis demonstrierten Ward, Williams und Bennett (2002), dass erfahrene Tennisspieler durch ihre effiziente Informationsaufnahme und selektivere visuelle Suchstrategien eine überlegene Leistung auf die Vorwegnahme der Grundschläge zeigen. Diese Strategie konzentriert sich auf die relativen Bewegungsabläufe, Kopf/Schultern und Rumpf/Hüfte (vgl. Abb. 2), die ausreichend aufgabenrelevante Informationen liefern. Im Vergleich zu erfahrenen Tennisspielern zeigen unerfahrene Teilnehmer als Folge ihres explorativeren, stimulierten Blickverhaltens weniger konsistente visuelle Suchstrategien über die Sichtverhältnisse hinweg (vgl. Abb. 3).

Shim, Carlton und Kwon (2006) konnten bestätigen, dass insbesondere der Schläger und der Unterarm wichtige „informationsreiche Bereiche" für die Antizipation von Grundschlägen bereithalten. Auch Shim, Miller und Lutz (2005) zeigten, dass die Beobachtung der relativen Bewegung zwischen Schläger und Unterarm den Spielern die wertvollste visuelle Information liefert. Die Relativbewegung von Schläger und Unterarm erwies sich nicht als wichtig, wenn es darum ging, die Richtung des gegnerischen Schlags wahrzunehmen, sondern als wichtig, wenn es um die vom Gegner ausgeführte Schlagart (hier: Vorhand nach unten und quer geführt und Lob in die Vorhand- und Rückhandecke) ging.

Bei der Antizipation des Aufschlags konnten die Ergebnisse von Jackson und Mogan (2010) darauf verweisen, dass Informationen aus dem Ballwurf und der Arm- und Schlägerregion die Antizipationsfähigkeit der Spieler untermauern und dass mehr Expertise durch ein gesteigertes Bewusstsein für die Informationen, auf denen die Urteile basieren, einhergeht. Die Fähigkeit, den Aufschlag eines Gegners zu antizipieren, kann auch durch eine Anweisung auf dem Platz verbessert werden, bei der die Beziehung zwischen wichtigen Hinweisen (vgl. Abb. 2) verdeutlicht wird (Williams, Ward, Smeeton & Allen 2004).

Trainer können Sportlern durch Hinweise helfen, die richtigen Informationsquellen auszuwählen und zu fokussieren. Diese für die Entscheidung und Reaktion relevanten Orte („Information-Rich Areas") können abhängig von den eigenen Vorkenntnissen (z. B. dem Wissen über den gegnerischen Spieler) sein (Jackson, Warren & Abernethy 2006) und die Wahrnehmungsleistung durch mehr Effizienz erhöhen. Trainer können durch ihre Ansprachen ungewollt die Aufmerksamkeit auch auf für die Ausführung der Handlung nicht wichtige, eher irrelevante Aspekte lenken.

Beispielsweise bewirkt der Satz: „Achte nicht auf den Schläger des Gegners", bei den meisten Spielern genau das Gegenteil: Die Folge zeigt eine Studie im Fußball, bei der eine längere Fokussierung auf den Torhüter besteht und damit mehr Schüsse, die in seine Richtung gezielt werden, gefunden wurden (Bakker, Oudejans, Binsch & van der Kamp, 2006).

3.2.2 Bewusste Wahrnehmungsprozesse auf der Basis nicht korrekter Informationen (Täuschungen)

Eine Form der bewusst eingesetzten, aber „nicht korrekten" Wahrnehmungsinformationen wird durch *Täuschungshandlungen* transportiert (für einen Überblick, Güldenpenning, Kunde & Weigelt, 2017): Beispielsweise versucht ein Spieler, einen Vorhandschuss anzutäuschen, um dann doch einen Stopp zu spielen. Dennoch lassen sich Ergebnisse von anderen Sportarten auf Tennis übertragen.

In Studien im Bereich Fußball konnte demonstriert werden, dass Täuschungen sinnvoll und effektiv sind. Nicht überraschend halten Torhüter weniger Schüsse mit Täuschungsmanöver der Schießenden als ohne (Dicks, Button & Davids, 2010) und Experten können Schüsse mit Täuschungen eher prognostizieren als Novizen (Bishop et al., 2013; Smeeton & Williams, 2012).

Fußballspieler reagierten zudem schneller auf Täuschungen, die mit der „normalen" Richtung des Täuschungsmanövers übereinstimmen, als wenn dies nicht der Fall ist (Wright & Jackson, 2014). Das Einbeziehen von zu frühen visuellen Informationen (Lauf-, Blick-, Körpertäuschungen) bietet aber keinen entscheidenden Vorteil (Bishop et al., 2013), sodass Spieler gut beraten sind, sich auf den Fuß-Ball-Kontakt des Spielers zu konzentrieren.

Weniger intuitiv ist, dass visuelle Suchmuster keinen Unterschied zwischen Schüssen mit und ohne Täuschungsmanöver zeigen (Tay et al., 2012). Allerdings sollte auch erwähnt werden, dass es im Fußball mehr Studien aus der Perspektive des Torwarts als aus der Perspektive der Feldspieler gibt (Güldenpenning et al., 2017). Zusammenfassend kann vorsichtig davon ausgegangen werden, dass erfahrene Tennisspieler Täuschungen leichter und schneller prognostizieren können als wenig erfahrene Spieler.

3.2.3 Unbewusste Wahrnehmungsprozesse auf der Basis korrekter Informationen

Umweltreize können nicht nur bewusst, sondern auch *unbewusst* wahrgenommen werden. Heute weiß man aus der allgemeinen Psychologie und der Motorikforschung, dass sich *Wahrnehmung* und *Handlung* gegenseitig beeinflussen (Prinz, 1997). In einer Reihe von Experimenten konnte dies im Rahmen einer Elfmetersituation (Tennisstudien liegen unseres Wissens hierzu noch nicht vor) demonstriert werden (Masters, van der Kamp & Jackson, 2007; Weigelt, Memmert & Schack, 2012; Noel et al., 2015). Hier zeigt sich, dass auch unbewusst wahrgenommene Informationen motorische Handlungen massiv beeinflussen können (siehe Box).

Exkurs: Unbewusste Wahrnehmung beeinflusst das bewusste Verhalten im Fußball

In mittlerweile zahlreichen Studien von den Arbeitsgruppen aus Amsterdam, Paderborn und Köln wurde zum Beleg dieser Aussage die Position des Torhüters auf der Torlinie beim Fußballelfmeter als Untersuchungsparadigma herangezogen (Weigelt, Memmert & Schack, 2012; Noël, van der Kamp & Memmert, 2015; Noël, van der Kamp, Weigelt & Memmert, 2015; Noël, van der Kamp, Masters & Memmert). Dazu wurde der Torhüter systematisch auf der Torlinie etwas mehr nach links oder rechts von der Tormitte verschoben (vgl. Abb. 4).

Tatsächlich ist die Wahrscheinlichkeit hoch, dass der Schütze nach rechts schießt, wenn ein Torhüter aus Schützensicht links von der Tormitte platziert ist. Dieser Effekt besteht auch, wenn die Torwartposition nur ganz gering von der Mitte abweicht und die Schützen diese Verschiebung nicht bewusst wahrnehmen (Noël, van der Kamp, Weigelt & Memmert, 2015). Sowohl erfahrene als auch unerfahrene Fußballer werden gleichermaßen von der nicht merkbaren Positionsveränderung beeinflusst (Weigelt, Memmert & Schack, 2012).

Mit dem Wissen um diesen Zusammenhang könnten Torhüter ihre Position beim Elfmeter bewusster auswählen. Durch die eigene Platzierung des Torwarts auf seiner „schwachen Torseite" – minimal von der Tormitte entfernt – erhöht sich die Wahrscheinlichkeit, dass die Schützen auf die gegenüberliegende Ecke zielen. Dies wiederum führt dazu, dass der Torhüter eine höhere Chance hat, den Schuss auf seiner dann „starken Torseite" zu halten.

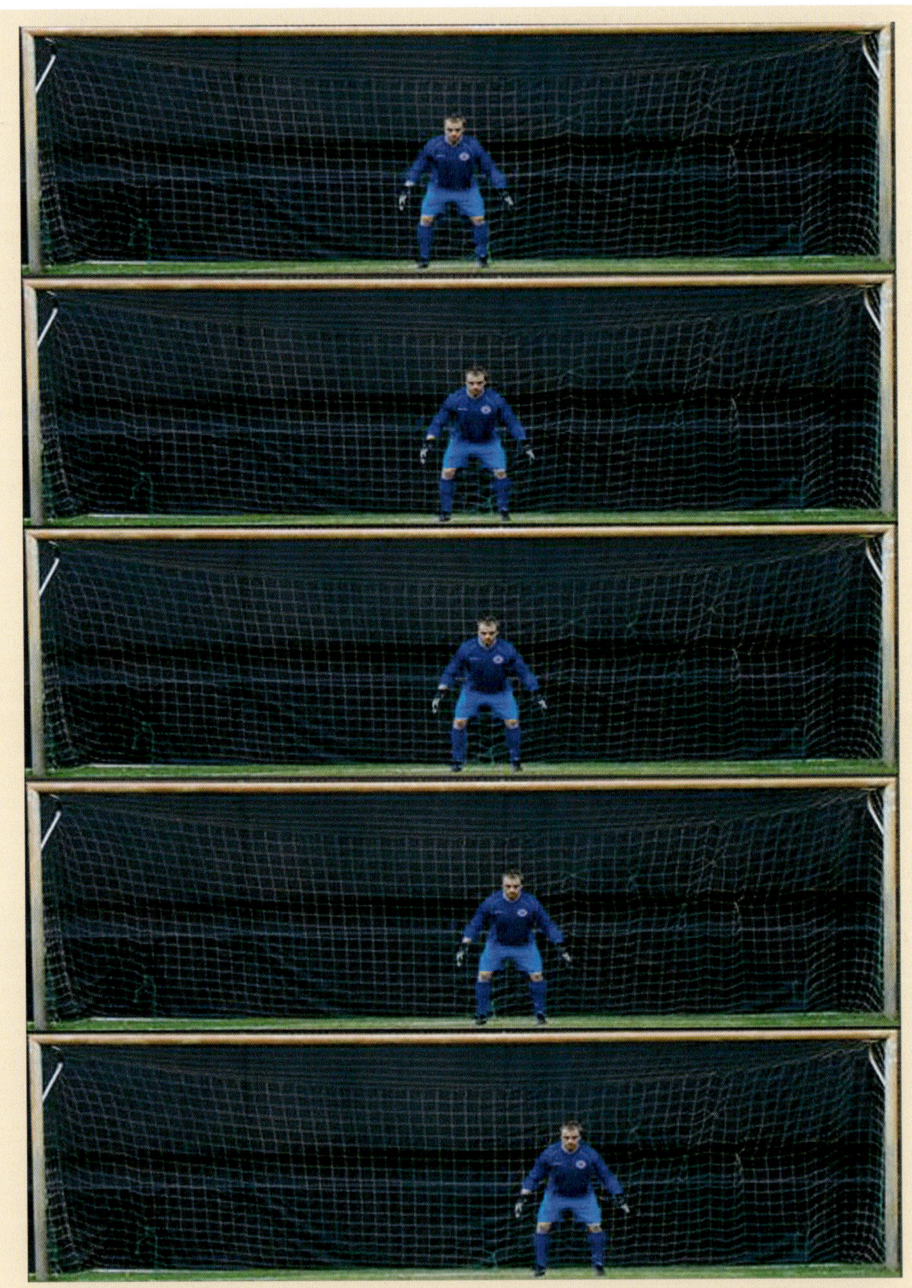

Abb. 4: Abgebildet sind fünf von neun Bildern des Torhüters in einer neutralen Position mit dem linken Arm ausgestreckt. Der Torhüter wurde in einer neutralen Torhüterhaltung gezeigt, entweder in der Tormitte oder in einer von vier verlagerten Position links (hier nicht dargestellt) oder rechts der Mitte.

3.2.4 Unbewusste Wahrnehmungsprozesse auf der Basis nicht korrekter Informationen (Täuschungen)

Überraschenderweise gibt es kaum Forschungsbemühungen, die *unbewusste* Wahrnehmungsprozesse auf der Basis nicht korrekter Informationen (*Täuschungen*) thematisieren. Güldenpenning und Kollegen haben in ersten Experimenten argumentiert, dass Täuschungshinweise, also nicht korrekte Informationen, auch unbewusst verarbeitet werden könnten (Güldenpenning, Steinke, Koester & Schack, 2013; Güldenpenning, Braun, Machlitt & Schack, 2015).

Damit wäre es möglich, dass Athleten durch *Priming* (= unbewusst wahrgenommene Informationen) implizit körperbezogene Hinweise verarbeiten können, die wiederum motorische Reaktionen aktivieren können, ohne explizit bewertet zu werden. Im Fußball könnte man einzelne Studien aus der Kölner und Paderborner Arbeitsgruppe ebenfalls als Beispiel für unbewusste Wahrnehmungsprozesse auf der Basis nicht korrekter Informationen deuten, wenn die Torhüterverschiebung vom Torwart bewusst (quasi als Täuschung) gemacht wird, aber vom Schützen nicht bewusst wahrgenommen wird (Noël et al., 2015).

3.3 Aufmerksamkeit

Das menschliche Gehirn wurde im Zuge der Evolution dazu optimiert, durch gezielte *Aufmerksamkeitsfokussierungen* aus der Unmenge an auf uns einströmenden Informationen diejenigen Informationen bewusst zu selektieren und zu verarbeiten, die für zielgesteuertes Handeln im Alltag und auch im Sport relevant sind (Cohen, Alvarez, Nakayama & Konkle, 2016; Mack & Rock, 1998).

Obwohl Aufmerksamkeit und Wahrnehmung eng miteinander verknüpft sind, stellen sie kein identisches Konzept dar. Beispielsweise unterscheidet sich die räumliche Auflösung der Aufmerksamkeit von der der visuellen Wahrnehmung (Intriligator & Cavanagh, 2001). Die visuelle Wahrnehmung liefert den Input für viele andere kognitive Prozesse, sodass Unterschiede in der visuellen Wahrnehmung weitreichende Folgen haben können. Kognition und Leistung beinhalten jedoch weit mehr als das sensorische System und erfahrene Experten können sich von Novizen in vielerlei Hinsicht unterscheiden, selbst wenn Novizen über eine ebenso gute visuelle Wahrnehmung verfügten.

Aufmerksamkeit gilt als ein entscheidender Faktor im Hinblick auf sportliche Leistungen (Abernethy et al., 2007; Memmert, 2009; Moran, 1996; Wulf, 2007), insbesondere in der Sportart Tennis (vgl. Caserta & Singer, 2004). So benötigen Tennisspieler adäquate Aufmerksamkeitskompetenzen bei der simultanen Ausführung verschiedener Tätigkeiten, um in komplexen Situationen erfolgreich agieren zu können (Tudos, Predoiu & Predoiu, 2015). Beispielsweise muss man im Tennis den Ball und auch den Gegner im Auge behalten. Oder beispielsweise müssen Tennisschiedsrichter relevante Informationen exakt in den Blick nehmen, um über „Aus" oder „Nicht-Aus" zu entscheiden.

Exkurs: Abseitsentscheidung im Fußball

Die Abseitsentscheidung im Fußball ist das Ergebnis einer beachtlichen Aufmerksamkeitsleistung der Linienrichter. Um diese Entscheidung treffen zu können, müssen sie die zahlreichen Akteure sowie den Ball gleichzeitig im Blick haben, die sich zudem auch noch alle relativ zueinander bewegen. Da diese sich aber auf einer sehr großen Fläche bewegen und das Auge für einen Blickwechsel zwischen zwei Objekten 130-160 Millisekunden benötigt, kann ein Linienrichter die meisten Aktionen nur peripher wahrnehmen.

Gerade bei langen Pässen, wo die Distanz zwischen Ballabgabe und Abseitskandidaten besonders weit ist, ist die Abseitssituation schwierig zu überprüfen (Hüttermann, Noël & Memmert, 2017). Es kann davon ausgegangen werden, dass Linienrichter mit einem großen „Aufmerksamkeitsfenster" einen Vorteil haben, um korrekte Entscheidungen treffen zu können.

Da Tennisspieler in spezifischen Situationen kontinuierlich mit einer Vielzahl von visuellen (als auch auditiven) Reizen überflutet werden, die sie aufgrund begrenzter Verarbeitungskapazität nicht vollständig verarbeiten können, stellt sich die Frage, wie die Aufmerksamkeit effizient gelenkt werden kann, um optimale Entscheidungen treffen zu können. Sportler sollten in der Lage sein, ihre Aufmerksamkeitsausrichtung derart zu steuern, dass sie relevante von weniger relevanten Informationen selektieren können. Aufgrund der enormen Bedeutung der Aufmerksamkeit wurden psychologische Testverfahren zur Messung entwickelt (vgl. Kap. 4) und in der Psychologie unterschiedliche Modelle zur optimalen Aufmerksamkeitsausrichtung aufgestellt.

Der Aufmerksamkeitsmechanismus wird gerne mit der „Spotlicht-Metapher" erklärt: Die Aufmerksamkeit ist eine Art Scheinwerfer, dessen Kegel Licht auf einen bestimmten Bereich wirft (Posner, 1980). Die Größe des Lichtkegels ist dabei variabel (Eriksen & St. James, 1986) und Dinge im Zentrum dieses Kegels können besser verarbeitet werden als Informationen in der Peripherie (LaBerge, 1983).

Da wir als Menschen eine endliche Aufmerksamkeitskapazität haben (Broadbent, 1958; Cowan, 1995), müssen wir Informationen aus unserer Umwelt ausblenden oder abschwächen, um effektiv mit den verhaltensrelevanten Ereignissen arbeiten zu können. Aus diesem Grund werden Aufmerksamkeitstheorien, -paradigmen und -mechanismen schon lange eine große Bedeutung zugewiesen und seit fast 100 Jahren in der Kognitionswissenschaft intensiv untersucht (Styles, 2008).

Neurowissenschaftliche und kognitionspsychologische Erkenntnisse in der Aufmerksamkeitsforschung (z. B. Coull, 1998; Knudsen, 2007; Mirsky, Anthony, Duncan, Ahearn & Kellam, 1991; Van Zomeren & Brouwer, 1994) legen eine Aufteilung der Aufmerksamkeit in vier Subprozesse nahe: die *Aufmerksamkeitsorientierung*, die *selektive Aufmerksamkeit*, die *geteilte Aufmerksamkeit* und die *Konzentration*.

Definitionen der vier Subprozesse der Aufmerksamkeit (Memmert & Furley, 2012)

- **Aufmerksamkeitsorientierung:** „Einloggen" und „Ausloggen" der Aufmerksamkeit auf einen Stimulus.
- **Selektive Aufmerksamkeit:** Sie wählt zu einem bestimmten Zeitpunkt zwischen konkurrierenden Stimuli aus.
- **Geteilte Aufmerksamkeit:** Simultanes Aufteilen der Aufmerksamkeit auf unterschiedliche Stimuli („Multitasking").
- **Konzentration:** Aufrechterhalten der Aufmerksamkeit auf einen spezifischen Stimulus über eine gewisse Zeitspanne.

Zwei der vier Subprozesse der Aufmerksamkeit werden im Folgenden näher beschrieben, um die in der Welt des Sports relevanten Aufmerksamkeitsleistungen (vgl. Abb. 5) besser verstehbar und trainierbar zu machen. Der Fokus wird dabei auf die *selektive* und die *geteilte Aufmerksamkeit* gelegt, da diesen in vielen Sportspielen eine zentrale Bedeutung zukommt. Die Subprozesse der Aufmerksamkeitsorientierung und Konzentration können detailliert an anderer Stelle nachgelesen werden (Memmert, 2009).

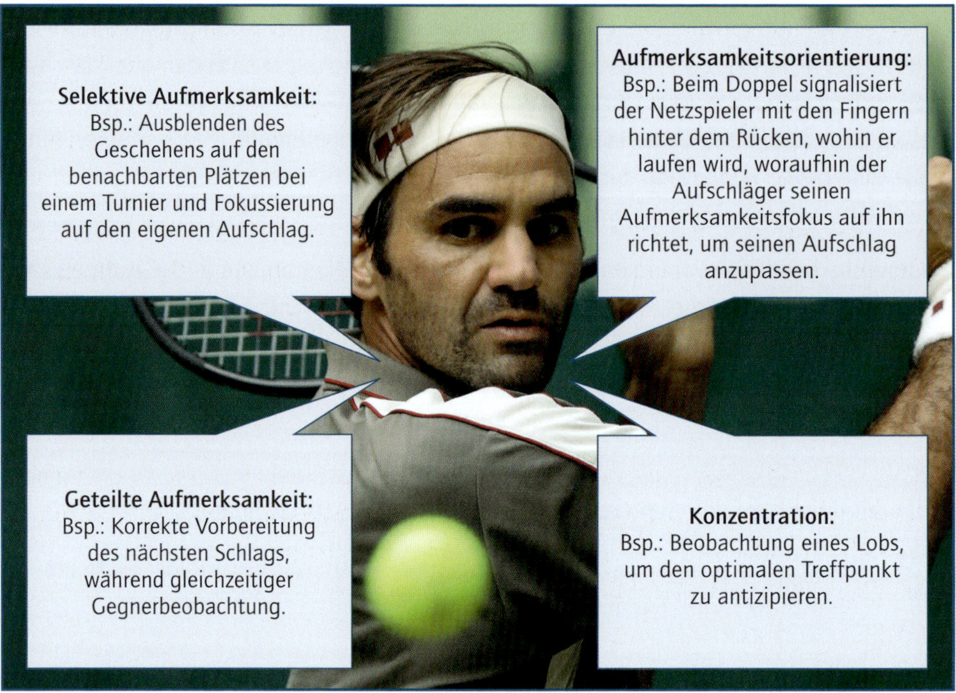

Abb. 5: Darstellung von vier Subprozessen der Aufmerksamkeit anhand von Praxisbeispielen (Aufmerksamkeitsorientierung, selektive Aufmerksamkeit, geteilte Aufmerksamkeit und Konzentration) am Beispiel tennisspezifischer Anforderungen.

3.3.1 Selektive Aufmerksamkeit (Selective Attention)

Der Subprozess der *selektiven Aufmerksamkeit* ermöglicht eine gezielte räumliche oder objektgebundene Fokussierung zu bestimmten Zeitpunkten oder innerhalb bestimmter Zeitfenster. Während der Fokus gezielt auf bestimmte Ereignisse fällt, werden andere inhibiert, also ausgeklammert (vgl. Coull, 1998; Posner & Boies, 1971).

Selektive Aufmerksamkeit ist eng mit der Aufmerksamkeitsorientierung verknüpft, denn beide Subprozesse sind in die Aufmerksamkeitsausrichtung bzw. -lenkung involviert. Posner und Peterson (1990) konnten allerdings nachweisen, dass die beiden Aufmerksamkeitsleistungen unterschiedliche Gehirnareale aktivieren, also verschiedene neurophysiologische Grundlagen haben.

Die selektive Aufmerksamkeit wählt aus verschiedenen Stimuli aus, während die Orientierung daraufhin die Aufmerksamkeit auf diesen Stimulus „einloggt".

Die selektive Aufmerksamkeit ist die in der Sportwissenschaft bislang am meisten beachtete und thematisierte Komponente. Dies kommt nicht nur dadurch zustande, dass diesem Aufmerksamkeitsprozess die wohl größte Bedeutung in sportspezifischen Situationen zukommt, sondern auch dadurch, dass es verschiedene Möglichkeiten gibt, selektive Aufmerksamkeit methodisch zu untersuchen.

Es konnte beispielsweise nachgewiesen werden, dass der selektive Aufmerksamkeitsfokus durch einfache Instruktionen manipuliert werden kann. So kann eine kleine Anweisung des Trainers den Aufmerksamkeitsfokus derart einengen und führen, dass wichtige Gegebenheiten einer Situation (z. B. ein ungedeckter Mitspieler) nicht bewusst wahrgenommen werden und dadurch nicht mit in die Entscheidungsfindung einbezogen werden können (Memmert & Furley, 2007). Kreative Lösungsfindung wird dadurch stark beschränkt.

In einer sechsmonatigen Längsschnittstudie konnten diese Befunde in realen Trainingsszenarien repliziert werden; Kinder erzielten keinen Lernzuwachs in der kreativen Lösung taktischer Aufgaben, wenn ihr Aufmerksamkeitsfokus permanent durch konkrete Anweisungen und Hinweise eingeengt wurde (Memmert, 2007).

3.3.2 Geteilte Aufmerksamkeit (Divided Attention)

So, wie es in manchen Situationen wichtig und notwendig ist, die Aufmerksamkeit gezielt und selektiv auf ein Objekt oder einen Ort zu fokussieren (siehe oben zu selektiver Aufmerksamkeit), erfordern andere Situationen die parallele Verarbeitung mehrerer Informationen an verschiedenen Orten. Der Subprozess der *geteilten Aufmerksamkeit* befähigt Athleten dazu, sich auf zwei oder mehrere Informationsquellen gleichzeitig zu konzentrieren (vgl. Coull, 1998). Diese Fähigkeit, die auch eine hinreichende Breite des Aufmerksamkeitsfokus voraussetzt, ist nicht nur im Sport, sondern auch in verschiedenen Alltagssituationen, wie zum Beispiel im Straßenverkehr, eine wichtige Voraussetzung.

Internaler vs. externaler Aufmerksamkeitsfokus

Eine Vielzahl von Studien beschäftigt sich mit der motorischen Expertise im Rahmen des *internalen vs. externalen Aufmerksamkeitsfokusparadigmas* (im Überblick Wulf, 2007). Beim *internalen, bewegungsbezogenen* Fokus richtet der Lernende seinen Aufmerksamkeitsfokus direkt auf die Bewegung (z. B. Bewegungsablauf beim Tennisaufschlag). Beim *externalen, zielorientierten* Fokus dagegen wird die Aufmerksamkeit auf den Bewegungseffekt bzw. auf das Bewegungsziel fokussiert (z. B. bestimmter Bereich im Tennis-Aufschlagfeld).

Nahezu alle Ergebnisse legen es nahe, dass ein externaler Aufmerksamkeitsfokus über viele verschiedene Bewegungsfertigkeiten, Fertigkeitsniveaus und Zielgruppen hinweg in der Regel einem internalen, bewegungsbezogenen Fokus überlegen ist (im Tennis siehe: Guillot, Desliens, Rouyer & Rogowski, 2013; Hadler, Chiviacowsky, Wulf & Schild, 2014).

Ein externaler Aufmerksamkeitsfokus führt nicht nur bei Novizen, sondern auch bei Experten zu besseren Lernleistungen (Wulf, McConnel, Gärtner & Schwarz, 2002; vgl. Gray (2004) zu einer differenzierteren Position). Beilock und Kollegen können darüber hinaus demonstrieren, dass insbesondere Experten bei der Ausführung ihrer hochautomatisierten Bewegung durch einen internalen Aufmerksamkeitsfokus eher gestört werden (Beilock, Carr, MacMahon & Starkes, 2002).

Hüttermann, Memmert, Simons und Bock (2013) entwickelten ein neues Paradigma, mit welchem sich das sogenannte *visuelle Aufmerksamkeitsfenster* einer Person genau bestimmen lässt. Dieses repräsentiert das mit einem Blick maximal bewusst wahrnehmbare Aufmerksamkeitsfeld in der Horizontalen, Vertikalen und Diagonalen. Das Aufmerksamkeitsfeld ist dabei unterscheidbar von der reinen peripheren Sehleistung. Im Mittel weist ein maximales Aufmerksamkeitsfenster eine horizontale Ausrichtung von 32.88° ± 8.36°, eine Vertikale von 26.40° ± 5.36° und eine Diagonale von 27.76° ± 5.56° auf.

Sportspieler haben gegenüber Nichtsportspielern größere Aufmerksamkeitsfenster, zumindest im Hinblick auf die horizontale und diagonale Ausrichtung (vgl. Abb. 6).

Hüttermann, Memmert, Simons und Bock (2013) konnten mit dem *Attention-Window-Paradigma* auch die Frage klären, ob eine Fixierung zwischen zwei Reizen Erfolg versprechender ist als die Fixierung eines Reizes mit peripherer Wahrnehmung des anderen Reizes. Der Vergleich beider Ausrichtungsstrategien der visuellen Aufmerksamkeit zeigte, dass mit der mittigen Fixation insgesamt eine durchschnittlich höhere Erfolgsrate (90,42 % ± 4,88 %), bezogen auf die Identifizierung der simultan präsentierten Reize, erzielt wird im Vergleich zu der Kombination der fixierten/peripheren Ausrichtung (80,24 % ± 10,28 %). Dieses Ergebnis scheint sowohl für Spielsportler als auch für Nichtspielsportler Gültigkeit zu besitzen. Allerdings sind Experten in Mannschaftssportspielen Novizen bei beiden Strategien klar überlegen.

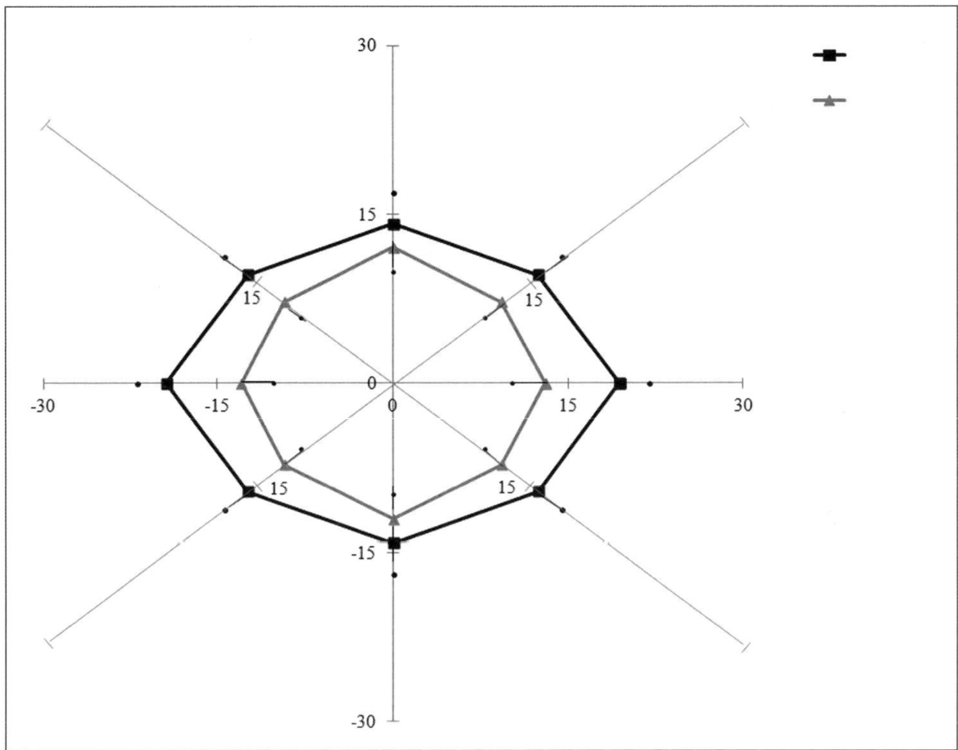

Abb. 6: Größe des maximalen Aufmerksamkeitsfensters [in °] für zwei verschiedene Athleten aus dem Tennis, innerhalb dessen gleichzeitig zwei Reize peripher wahrgenommen werden können. Da jedes Stimuluspaar symmetrisch über die Mitte präsentiert wurde, werden die Daten ebenfalls symmetrisch für die einzelnen Achsen (horizontal, diagonal, vertikal) dargestellt. Das äußere Aufmerksamkeitsfenster präsentiert die gemittelten Werte eines Bundesligaspielers, das innere Fenster die gemittelten Werte eines Bezirksligaspielers; die Fehlerbalken geben die jeweiligen Standardabweichungen an.

Bei dem Phänomen *Blindheit durch Unaufmerksamkeit (Inattentional Blindness)* ist die Grundidee, dass Sportler in dem Moment, in dem sie ihre Aufmerksamkeit auf eine bestimmte Sache lenken, unerwartete Objekte oft nicht bewusst wahrnehmen, obwohl diese sich direkt und klar sichtbar vor ihren Augen befinden (Mack & Rock, 1998; Most, Scholl, Clifford & Simons, 2005).

Was ist „Blindheit durch Unaufmerksamkeit" (Inattentional Blindness)?

Es kommt vor, dass ein Spieler einen völlig freistehenden Mitspieler nicht sieht und nicht anspielt, obwohl dieser sich offensichtlich im Blickfeld befand. Vorwürfe von Trainern und Teamkameraden kommen da schnell, aber der betreffende Spieler beteuert hartnäckig, seinen Mitspieler nicht gesehen zu haben. Womit er auch recht haben kann, denn nur, wenn Aufmerksamkeit auf einen bestimmten Bereich bzw. ein bestimmtes Objekt gerichtet ist, wird diese Information auch bewusst aufgenommen und verarbeitet. Bewusste Wahrnehmung scheint somit Aufmerksamkeitsprozesse zu benötigen. Wenn Aufmerksamkeit auf ein anderes Objekt gerichtet ist, dann wird ein unerwartetes Objekt oft nicht wahrgenommen, obwohl es sich im visuellen Blickfeld der Sportler befindet.

Neben Kindern und Jugendlichen ohne große Sporterfahrungen (Memmert, 2006a, 2014) können sogar hochklassige Jugend-Handballspieler sich diesem Phänomen nicht entziehen (Memmert & Furley, 2007). Wurde ihre Aufmerksamkeit gezielt auf den direkten Gegenspieler gelenkt, sahen sie einen freien Mitspieler nicht mehr. Auch noch realistischere Szenarien mit anspruchsvollen Entscheidungsaufgaben und komplexen, aufmerksamkeitsbindenden Erstaufgaben konnten diese Befunde bestätigen (vgl. Abb. 7 links).

Basketballexperten sind in der gleichen Situation ebenso nicht in der Lage, offensichtlich freistehende Mitspieler wahrzunehmen, welche jeweils die Optimallösung der Spielsituation dargestellt hätten (Furley, Memmert & Heller, 2010). Diese Ergebnismuster konnten auch in realistischeren Kontexten mit motorischen Antwortaktionen sowie mit einer feldnäheren Erstaufgabe (Dreifachwahlaufgabe) repliziert werden (vgl. Abb. 7 rechts).

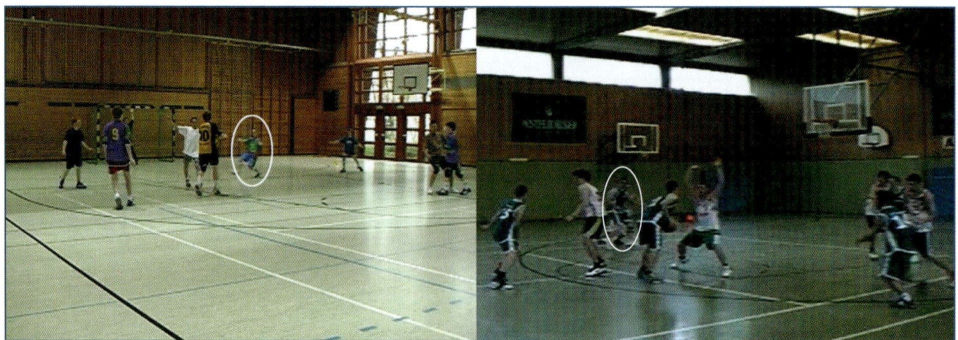

Abb. 7: Darstellung zweier sportartspezifischer Inattentional-Blindness-Test-Szenarien unterschiedlicher Komplexitätsstufen (links: geringe Komplexität, Handball; 3:3, Memmert & Furley, 2007; rechts: mittlere Komplexität, Basketball, 5:5, Furley et al., 2010). Eingekreist ist jeweils der freistehende Mitspieler, der – laut Expertenmeinung – auch die beste Anspiellösung in dieser Situation ist.

3.4 Spielintelligenz

Bedeutsam für das Generieren von Entscheidungsmöglichkeiten und für das Suchen optimaler Lösungsideen ist es, dass ein Spieler in der Lage ist, alle wichtigen Informationen aus seiner Umwelt (Mit- und Gegenspielerpositionen, unerwartete Momente etc.) wahrzunehmen, um sie in seinem Handlungsplan zu berücksichtigen. Im Tennis haben insbesondere die Spieler die Aufgabe, durch schlaues, einstudiertes taktisches Verhalten den Punkt aufzubauen. In diesem Zusammenhang spricht man in der Sportwissenschaft gerne von *Entscheidungsfähigkeit* (im englischen *Decision Making*) oder auch, angelehnt an die Psychologie, von *konvergentem Denken* oder *(Spiel-)Intelligenz.*

Definition

Taktische Spielintelligenz (konvergentes taktisches Denken)

In Mannschafts- und Rückschlagsportarten versteht man unter *taktischer Spielintelligenz* die Produktion einer Bestlösung zu Problemen in spezifischen individual-, gruppen- oder mannschaftstaktischen Spielsituationen.

Die Sportspielforschung arbeitet vor allem mit zwei Definitionen kognitiver Denkprozesse, die eine Forschungsgruppe um Joy Paul Guilford aufgestellt hat; *konvergentes* und *divergentes Denken* (Roth, 2005).

In *konvergenten Denkprozessen* werden sogenannte *Ideallösungen* für das Problem gesucht und angesteuert. *Divergente Denkprozesse* hingegen generieren eine Vielzahl von Lösungen für die Problemstellung, gerade auch Lösungen, die neu, unerwartet oder überraschend sind.

Die Forschung zur taktischen Spielintelligenz ist eng mit der kognitiven Entscheidungsforschung verknüpft (Höner, 2005; Roth, 2005). Oftmals spricht man im Sport auch einfach nur von „der Taktik". An dieser Stelle ist es nicht möglich, einen umfassenden Überblick über die Taktikforschung im Sportspiel oder Fußball zu geben. Dazu muss auf andere Werke verwiesen werden (Memmert, 2004 a, b; Raab, 2001; Roth, 1989). Einen aktuellen, zusammenfassenden Überblick zu Theorien und Modellen findet man in König und Memmert (2019).

Im Tennis gibt es zahlreiche Studien, die sich mit tennisspezifischen Trainingsprogrammen zur Verbesserung des taktischen Wissens und der kognitiven Fähigkeiten der Tennisspieler befassen (u. a. Raschke & Lames, 2019). Beispielsweise fanden García-González, Moreno,

Gil, Moreno und Del Villar (2014) im Rahmen eines 10-wöchigen Entscheidungstrainingsprogramms signifikante Leistungsverbesserungen, auch im Behaltenstest.

Professionelle Tennisspieler verfügen über ein größeres, ausgefeilteres und anspruchsvolleres taktisches Wissen. Mit Fachwissen können komplexere Strukturen im Langzeitgedächtnis entwickelt worden (García-González, Iglesias, Moreno, Moreno & Del Villar, 2012).

Basierend auf dem Experten-Novizen-Paradigma, untersuchen Del Villar, García-González, Iglesias, Moreno und Cervelló (2007) die Entscheidungsfindung in Serve- und Schlagaktionen in kompetitiven Wettkampfformen. Experten zeigen eine größere Fähigkeit, die richtigen Entscheidungen zu treffen, indem sie die beste taktische Lösung auswählen, um Druck auf den Gegner auszuüben (vgl. auch McPherson & Thomas, 1989).

An dieser Stelle wird der Blick auf individualtaktische kognitive Lösungen gerichtet. Damit wird auch oft das Konstrukt der (taktischen) Spielfähigkeit berührt (vgl. dazu ausführlicher Kuhlmann, 1989; Roth, 2005; s. Tab. 3). „Unbestritten ist das Konstrukt Spielfähigkeit zu einer zentralen Leitidee der Spielvermittlung geworden" (König, 1997, S. 476). Damit kann die allgemeine Sportspielfähigkeit mit dem *g-Faktor* (vgl. ausführlicher Amelang & Barttussek, 2001, S. 224) in der allgemeinen Intelligenzforschung verglichen werden.

Wie Tab. 3 zeigt, gibt es für das Konstrukt der Spielfähigkeit doch zahlreiche, teilweise sogar recht unterschiedliche Begrifflichkeiten und Systematiken sowie auch widersprüchliche Definitionen (zur ausführlichen Diskussion vgl. König, 1997, S. 476).

Basistaktiken spielen bei der Entwicklung einer allgemeinen Spielfähigkeit oder Spielintelligenz eine herausragende Rolle (vgl. Memmert & König, 2011). Sie können als taktische Grundkenntnisse gekennzeichnet werden, die in vielen Rückschlagspielen (z. B. Tennis) eine zentrale Rolle spielen (vgl. Tab. 4). Mittlerweile sind sie fester Bestandteil zahlreicher Lehrpläne und Trainingskonzeptionen in verschiedenen Alters- und Leistungsklassen (allgemeine Ballschule: Kröger & Roth, 1999; Roth & Kröger, 2011; Ballschule für Rückschlagspiele: Roth, Kröger & Memmert, 2002; Ballschule für Wurfspiele: Roth, Memmert & Schubert, 2006; Fußball: Memmert, Thumfart & Uhing, 2014).

Tab. 3: Definitionen des Konstrukts der Spielfähigkeit im Sportspiel (aus Memmert, 2004a, S. 241)

Kenn-zeichnung	Definition	Operationali-sierung	Autor
Spielintelligenz/ taktische Flexibilität	Die Fähigkeit, in veränderten, unvorhergesehenen Situationen richtige Entscheidungen schnell zu treffen, spieltaktisch zweckmäßige Lösungen zu finden.	–	DÖBLER (1964)
Sportliche Spieltätigkeit	Vielseitige und komplexe Erscheinung, deren Qualität von zahlreichen Leistungsfaktoren bestimmt wird. Aus psychologischer Sicht ist sie als Einheit motivationaler, volitiver, emotionaler und kognitiver Prozesse anzusehen, die ihren Ausdruck in der sportspielspezifischen Motorik findet. Charakteristisch für sie ist das mehrfache Bezugssystem – Mitspieler, Gegner, Ball, Zielraum –, in dem sich der Spieler befindet und mit dem er sich ständig aktiv auseinandersetzen muss.	–	KONZAG & KONZAG (1980)
Allgemeine und spezielle Spielfähigkeit	Die Fähigkeit, ein Spiel in Gang zu setzen, es in seinem Verlauf zu sichern und bei Störungen wiederherzustellen. Das Vorhandensein von Kenntnissen über Spielidee und Spielregeln, der notwendigen Fertigkeiten im Umgang mit dem Spielgerät und der taktischen Erfahrung in wichtigen Spielsituationen.	–	DIETRICH (1984)
Spieltätigkeit	Zielgerichtete, bewusste taktische Handlungen. Die taktischen Kenntnisse sind Grundlage für die Wahrnehmung und Analyse der Spielsituation und für die Spielleistung.	–	HERZOG (1986)
Spielfähigkeit	Die komplexe Fähigkeit, die verschiedenen und ständig wechselnden Spielsituationen auch bei gegnerischer Einwirkung lösen zu können.	–	STIEHLER, KONZAG & DÖBLER (1988)
Spielfähigkeit	Komplexe, sportspielbezogene, spezifische Leistungsvoraussetzungen und eine Form der individuellen Handlungsfähigkeit entsprechend den variablen Wettspielbedingungen.	–	SCHNABEL & THIESS (1993)
Taktisches Handeln	Die angemessene und wirksame Bewältigung komplexer Spielsituationen.	X	WEGNER & KATZENBERGER (1994)
Spielfähigkeit	Die Fähigkeit, aktiv und erfolgreich an einem Sportspiel als Mit- und Gegenspieler teilzunehmen, indem man spieltypische Situationen und Spielvorgänge im Rahmen der Regeln technisch und spieltaktisch, individuell oder in Kooperation mit anderen bewältigt, sie emotional erlebt und mitgestaltet.	–	KÖNIG (1997)

Tab. 4: Basistaktiken bei den Rückschlagspielen (Roth, Kroger & Memmert, 2002)

- EINE ÜBERZAHL HERAUSSPIELEN: Taktische Aufgabenstellungen, bei denen es darauf ankommt, sich durch Anbieten, Orientieren und in Kooperation mit Partnern einen Vorteil zu verschaffen.
- DAS ZIEL ANSTEUERN: Taktische Aufgabenstellungen, bei denen es darauf ankommt, Zeitpunkt und Ort einer Abschlusshandlung auszuwählen.
- DIE LÜCKEN AUSNUTZEN: Taktische Aufgabenstellungen, bei denen es darauf ankommt, in der Auseinandersetzung mit Gegenspielern (individuell) Zwischenräume für die Chance eines Abspiels oder Punktgewinns zu nutzen.
- ZUSAMMENSPIEL: Taktische Aufgabenstellungen, bei denen es darauf ankommt, die Bälle situationsgerecht und schnell zu Partnern weiterzuspielen.
- DEN BALL DEM ZIEL ANNÄHERN: Taktische Aufgabenstellungen, bei denen es darauf ankommt, den Ball in einen Angriffs- bzw. Abschlussraum zu transportieren.

Die in Tab. 4 beschriebenen Basistaktiken können als ein erster Ausgangspunkt von Spielformen dienen, die taktische Spielintelligenz im Vereinstraining, in der Talentförderung sowie in der schulischen Anfängerausbildung (Bildungspläne: Spielfähigkeit) im Bereich der Rückschlagspiele (insbesondere Tennis) schulen können.

3.5 Spielkreativität

Wenn man Tennisexperten fragt oder sich das internationale Spitzentennis genau anschaut, erkennt man, dass gerade die höchst kreativen Athleten den Unterschied ausmachen können. Der Fitnesscoach von Roger Federer und Stan Wawrinka, Pierre Paganini, hat eine Erklärung für Federers Erfolg, nämlich dass seine Persönlichkeit ihn in seinem Inneren kontrolliert. Er ist ein Künstler, der beeindruckend kreativ ist und seine starke Emotion in das Spiel einfließen lässt.

Für die Mannschafts- und Rückschlagspiele spielt somit neben der taktischen Spielintelligenz ein weiterer kognitiver Denkprozess eine große Rolle: die *taktische Kreativität.*

Definition

Taktische Kreativität (divergentes taktisches Denken)

In Mannschafts- und Rückschlagsportarten versteht man unter *taktischer Kreativität* die Generierung zahlreicher Lösungen zu Problemen in spezifischen individual-, gruppen- oder mannschaftstaktischen Spielsituationen, die als überraschend, selten und/oder originell bezeichnet werden können.

Unter *Kreativität im Tennis* verstehen wir besonders überraschende, originelle und flexible taktische und motorische Lösungen von Spielsituationen, wie zum Beispiel Rhythmuswechsel durch Stopp- oder Winkelbälle, Schnittwechsel, unerwartete Netzattacken oder auch Lobs, um sich aus Defensivsituationen zu befreien.

Exkurs: Ist Kreativität tatsächlich ein Erfolgsfaktor im Profisport? Ein Beispiel aus dem Fußball:

Memmert und Kempe (2018) haben alle Spiele der Fußballweltmeisterschaften 2010 und 2014 sowie der Fußballeuropameisterschaft 2016 nach kreativen Aktionen bei Torerfolgen untersucht. Analysiert wurden dabei alle Tore, die aus dem Spiel heraus entstanden: Das waren 311 Tore in 153 Spielen. Dabei wurden jene Spielsituationen und -aktionen ausgewertet, die im Einzelfall zum Torerfolg führten. Einbezogen wurden die jeweils letzten acht Aktionen, die das Tor herbeiführten.

Drei Fußballexperten mit UEFA-Lizenzen hatten die Aufgabe, die Aktionen vor dem Torschuss, bezogen auf die Kreativleistung, auf einer Skala von 1 bis 10 zu bewerten, wobei 1 ein deutlich unterdurchschnittliches Kreativitätsniveau und 10 ein deutlich überdurchschnittliches Kreativitätsniveau bedeutete.

Die Ergebnisse zeigen, dass das Kreativitätsniveau ansteigt, je näher der Torabschluss rückt. Vor allem die siebte Aktion, der „entscheidende Pass" (Assist), bekam im Mittel den höchsten Kreativitätswert. Insgesamt weisen die letzten drei Aktionen vor dem Torschuss signifikant höhere Kreativitätswerte auf als die Aktionen davor. Auch wenn diese Werte nur knapp über dem Durchschnittswert liegen, zeigt das umso mehr, dass hochgradig kreative Lösungen extrem selten sind. Die Experten bewerteten lediglich 172 von über 1.800 Aktionen als hochgradig kreativ mit einem Wert von 8 und höher auf der Kreativitätsskala.

Andererseits enthielten die Aktionsabfolgen bei fast der Hälfte aller Tore (46 %) mindestens eine Aktion mit hohem Kreativitätsniveau. Bei den sehr erfolgreichen Teams der drei Turniere lag der Wert sogar bei 63 %. Memmert und Kempe (2018) konnten zudem zeigen, dass Kreativität auch erfolgreiche von weniger erfolgreichen Teams eines Turniers unterscheidet.

Zusammenfassend scheint Kreativität ein immer wichtiger werdender Faktor im Fußball zu sein, gerade beim Erzielen von Toren auf höchstem Leistungsniveau.

Um einen so umfassenden Begriff wie die taktische Kreativität bewerten zu können, hat die Forschungsgruppe um Guilford diesen bereits 1967 faktorenanalytisch operationalisiert und in die drei Eigenschaften *Originalität, Flexibilität* und *Flüssigkeit* aufgeteilt. Im Fußball wurden Videotests (Furley & Memmert, 2015; Memmert, 2010a, b; Memmert, Hüttermann & Orliczek, 2013) und Spieltestsituationen (vgl. Memmert, 2004a, b, 2006b, 2010b) entwickelt, um diese drei Faktoren erfassen zu können.

- **Originalität**: Die Ungewöhnlichkeit von taktischen Entscheidungshandlungen kann durch Tennisexperten bewertet werden.
- **Flexibilität**: Der Abwechslungsreichtum von taktischen Entscheidungshandlungen wird über die Handlungs- oder Antwortvielfalt der Tennisspieler bestimmt.
- **Flüssigkeit**: Die Anzahl von taktischen Entscheidungshandlungen, die Tennisspieler für eine bestimmte Situationskonstellation generieren.

Nationale und internationale, empirisch geprägte Forschungsprogramme haben in den letzten Jahren dazu geführt (für einen Überblick: Memmert, 2012; 2015), dass zahlreiche methodische Möglichkeiten zur fußballspezifischen Schulung von taktischer Kreativität entwickelt werden konnten. Auf einer methodischen Ebene scheinen die sieben Prinzipien *Deliberate Play, One-Dimension-Games, Diversifikation, Deliberate Coaching, Deliberate Memory* (wird eigenständig im nächsten Kapitel behandelt), *Deliberate Practice* und *Deliberate Motivation* – quasi die sieben D's der Kreativitätsschulung im Fußball – von besonderer Bedeutung zu sein (vgl. Abb. 8).

Ihre Anordnung ist nicht zufällig, sondern entspricht einer chronologischen Reihung. Während die vier ersten Prinzipien eher für das Kinder- und Jugendtraining geeignet erscheinen, können alle sechs Prinzipien auch im Erwachsentraining eingesetzt werden. Die D's können zum Beispiel Berücksichtigung finden, wenn fußballspezifische taktische Inhalte geschult werden (z. B. Basisbausteine: Memmert & Breihofer, 2006; Memmert, Thumfart & Uhing, 2014), aber auch sportartübergreifende Basistaktiken (allgemeine Ballschule: Roth & Kröger, 2011; Ballschule für Rückschlagspiele: Roth, Kröger & Memmert, 2002; Ballschule für Wurfspiele: Roth, Memmert & Schubert, 2006).

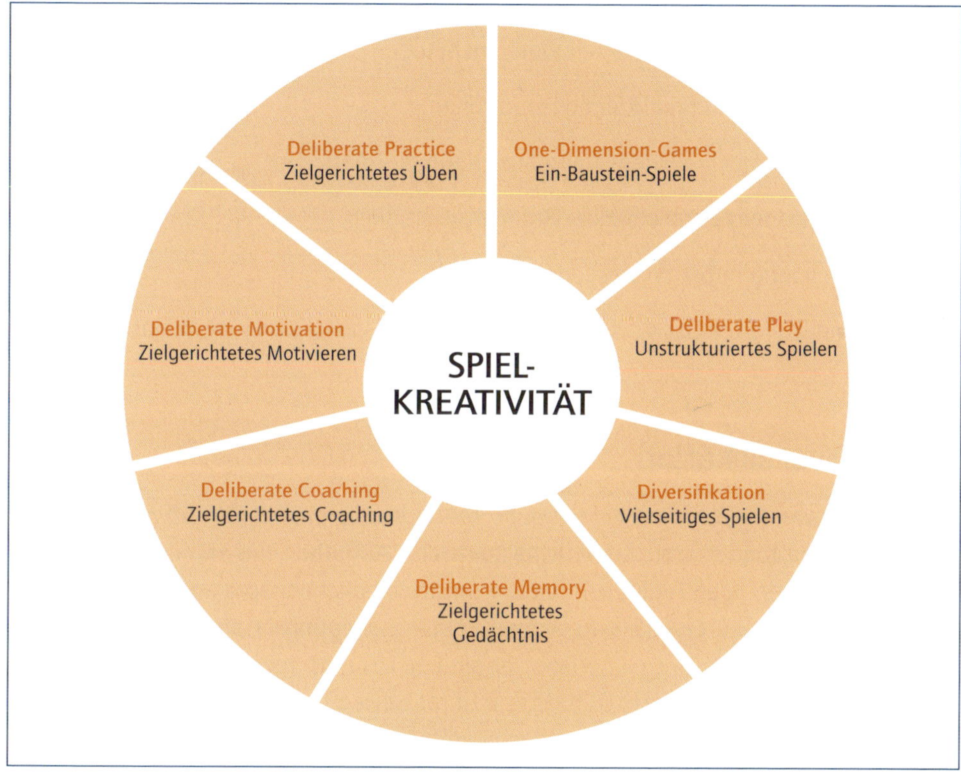

Abb. 8: Die sieben D's der Schulung von taktischer Kreativität im Tennis (vgl. Tactical Creativity Approach von Memmert, 2015).

3.5.1 Deliberate Play

Das unangeleitete und möglichst freie Experimentieren in spielnahen und unstrukturierten Situationen in der Kindheit wird als *Deliberate Play* bezeichnet (Côté, Baker & Abernethy, 2007). Bewegungsbiografiestudien und auch Feldexperimente deuten darauf hin, dass das *Deliberate Play* in der Kindheit und Jugend die Kreativität von aktuellen Nationalmannschafts- und Bundesligaspielern beeinflusst hat. Nicht angeleitetes Agieren kann somit zum Ausprobieren unterschiedlichster Antwortvariationen führen.

3.5.2 One-Dimension-Games

Mit *Basis-Bausteinspielen* (engl.: *One-Dimension-Games*) kann man eine allgemeine und tennisspezifische taktische Kreativität entwickeln; sie lassen sich wie folgt charakterisieren (Memmert, 2004a, b; Memmert & Roth, 2003):

- Fokussierung auf eine Basistaktik (Nicht auf mehrere!);
- Vorgabe von klaren Rollenverteilungen im Spiel;
- Vorgabe von bestimmten Rahmensituationen;
- Gewährleistung immer wiederkehrender Rahmensituationen;
- Gewährleistung gleichbleibender Rahmensituationen;
- Gewährleistung hoher Wiederholungszahlen;
- Gewährleistung unterschiedlicher Mit- und Gegenspieler durch systematische Rotationen.

3.5.3 Diversifikation

Taktische Kreativität kann mit *vielseitigem, sportspielübergreifendem Training* geschult werden, in dem Kinder und Jugendliche taktische Aufgaben mit Hand, Fuß und Hockeyschläger lösen. Das Agieren in vielen unterschiedlichen, sportspielaffinen Situationen ermöglicht den Erwerb unterschiedlichster Bewegungserfahrungen (Memmert, 2006b). Bedeutsam für das Generieren originärer Lösungsideen ist es demnach, dass Kinder und Jugendliche relativ frühzeitig in ihrer Bewegungsbiografie mit verschiedenen Bällen in Berührung kommen und in Spielformen mit verschiedenen motorischen Ausführungsformen agieren lernen, um Situationen immer wieder auf eine andere, neue Art zu denken.

3.5.4 Deliberate Coaching

Ein breiter Aufmerksamkeitsfokus ist notwendig, um auch unerwartete Objekte, wie freie Mitspieler, wahrzunehmen, die Ausgangspunkt von originellen Lösungshandlungen sein können (Memmert, 2005). *Geringere Instruktionsgaben* seitens der *Trainer* führen dazu, dass Kinder und Jugendliche besser in der Lage sind, kreativere und variantenreiche Lösungsmöglichkeiten zu generieren als jugendliche Tennisspieler, die ständig mit aufmerksamkeitslenkenden Hinweisen in den Schulungseinheiten konfrontiert werden. Zur Förderung von taktischer Kreativität ist es nicht ratsam, als Übungsleiter ständig das

Spiel zu stoppen und taktische Anweisungen an seine Spieler zu geben, da eben diese Anweisungen den Aufmerksamkeitsfokus einschränken (Furley & Memmert, 2005).

3.5.5 Deliberate Motivation

Befunde aus der Sozialpsychologie lassen vermuten, dass kreative Leistungen durch Instruktionen manipuliert werden können. Das kann beispielsweise geschehen, wenn durch die *Art der Instruktion* das emotionale Befinden des Probanden zur Aufgabe beeinflusst wird. Memmert und Kollegen (2013) konnten zeigen, dass auch taktische Kreativität im Fußball von einem Hoffnungsfokus (Promotionfokus) profitiert, also wenn das Aufgabenziel als lohnenswerter Zustand angestrebt wird. Das Gegenteil wäre ein Preventionfokus, der durch das Ziel der Abwendung eines Übels geschaffen wird. Insgesamt weisen die Ergebnisse darauf hin, dass Trainer durch geeignete Promotion-Fokus-Instruktionen (*„Euer Ziel ist es*, so viele Winner wie möglich zu spielen." Anstatt von: *„Ihr müsst* jeden Ball als Winner spielen") das Generieren von kreativen Lösungen in Spielsituationen unterstützen.

3.5.6 Deliberate Practice

Das instruktionsgeleitete Agieren in übungszentrierten und strukturierten Situationen mit dem Ziel, effektiv spezifische individuelle Leistungskriterien zu verbessern, nennt man *Deliberate Practice* (Côté, Baker & Abernethy, 2007). Die Expertiseforschung demonstriert, dass Leistungssportler mehr als 10 Jahre intensiv, sportartspezifisch und qualitativ hochwertig trainiert haben müssen, um eine Chance zu haben, Hochleistungssportler zu werden (Ericsson, Krampe & Tesch-Römer, 1993; für eine Gegenposition: siehe Hambrick & Meinz, 2011; MacNamara, Hambrick & Oswald, 2014). Memmert, Baker und Bertsch (2010) wiesen nach, dass spätere, hochkreative Sportspieler deutlich länger in ihrer Sportart zielgerichtet trainiert haben, als weniger kreative Spieler. Somit scheint auch *Deliberate Practice* ein notwendiges, aber natürlich nicht hinreichendes Merkmal zur Förderung taktischer Kreativität und Variabilität zu sein, insbesondere in der späten Kindheit und zu Beginn der Jugend.

3.6 Arbeitsgedächtnis

Im Zentrum der bewussten Informationsverarbeitung steht das *Arbeitsgedächtnis*, in dem eine limitierte Informationsmenge verarbeitet werden kann, die für die aktuelle Tätigkeit relevant ist (im Überblick Baddeley, 2007). Von besonderer Bedeutung für die Kognitionen im Tennis ist die Kapazität und die generelle Funktionsweise des Arbeitsgedächtnisses (im Überblick Furley & Memmert, 2010).

Was ist das Arbeitsgedächtnis?

Für viele kognitive Aufgaben wird ein Gedächtnis gebraucht, das sowohl Ziele, wichtige Aufmerksamkeitsresultate, abgerufene Informationen aus dem Langzeitgedächtnis und Zwischenresultate der Bearbeitung bereithält als auch die Bearbeitung all dieser Informationen koordiniert. Nahezu alle kognitiven Leistungen erfordern die zeitweilige, anforderungsabhängige Bereitstellung von Informationen. Das Arbeitsgedächtnis ist damit ein Schlüsselsystem für das Verständnis komplexer kognitiver Leistungen (Engle, 2002).

Definition

„Der Begriff Arbeitsgedächtnis wird von Kognitionspsychologen verwendet, um die Fähigkeit zu beschreiben, gleichzeitig zielgerichtete Informationen aufrechtzuerhalten und zu verarbeiten. Wie der Name schon sagt, reflektiert das Konzept des Arbeitsgedächtnisses im Kern eine Art der Erinnerung, aber es ist weitaus mehr als ein Gedächtnis, denn es ist ein Gedächtnis bei der Arbeit und im Dienste von komplexer Wahrnehmung" (Conway et al., 2007).

Obwohl die individuelle *Kapazität des Arbeitsgedächtnisses* eines Athleten keinen Einfluss auf divergente Leistungen im Sportspiel zu haben scheint (Furley & Memmert, 2015), ist es dennoch ratsam, dass Trainer aufgrund der limitierten Kapazität des Arbeitsgedächtnisses (Cowan, 2005) bei taktischen Anweisungen, Instruktionen oder Besprechungen nicht zu viele Informationen zur gleichen Zeit geben (Cowan, 2001). Zudem muss beachtet werden, dass besonders beim (taktischen, kognitiven, motorischen) Neulernen das Arbeitsgedächtnis in einem größeren Maße beansprucht wird als in späteren Expertisestadien (Maxwell, Masters & Eves, 2003; Schmidt & Wrisberg, 2004; vgl. auch Abb. 9).

Experten speichern im Gegensatz zu Novizen nämlich spezifische Ereignisse (z. B. Laufwege einzelner Spieler, taktische Konstellationen) nicht als einzelne Informationseinheit ab, sondern als taktisches Muster der Spielerkonstellationen („Chunkingprozesse").

Zum einen erleichtert und verbessert dies im besonderen Maße die frühzeitige Antizipation von bedeutungsvollen Situationskonstellationen (Williams & Ericsson, 2005). Zum anderen wird die limitierte Kapazität des Arbeitsgedächtnisses von Experten nicht so schnell aufgebraucht wie bei Novizen und kann somit für die Wahrnehmung weiterer Situationskonstellationen oder elaborierterer taktischer Entscheidungsprozesse genutzt werden (Williams, Hodges, North & Barton, 2006).

Die generelle *Funktionsweise des Arbeitsgedächtnisses*, d. h. die Tatsache, dass im Arbeitsgedächtnis Informationen kurzfristig bearbeitet, manipuliert und strukturiert werden (Conway et al., 2007), hat wichtige Konsequenzen für das Entscheidungstraining im Sportspiel. Aktuelle Studien haben gezeigt (Furley & Memmert, 2013), dass die aktivierten Inhalte des Arbeitsgedächtnisses den Aufmerksamkeitsfokus eines Athleten dadurch lenken, indem die Aufmerksamkeit auf diejenigen Objekte im visuellen Feld gelenkt wird, auf die sich die Inhalte des Arbeitsgedächtnises beziehen.

Zudem wurde nachgewiesen, dass die Kapazität des Arbeitsgedächtnisses Vorhersagen erlaubt, welche Athleten in der Lage sind, ihre Aufmerksamkeit gezielt zu kontrollieren, indem aufgabenirrelevante Reize ausgeblendet werden und somit Interferenzen vermieden werden (Furley & Memmert, 2012).

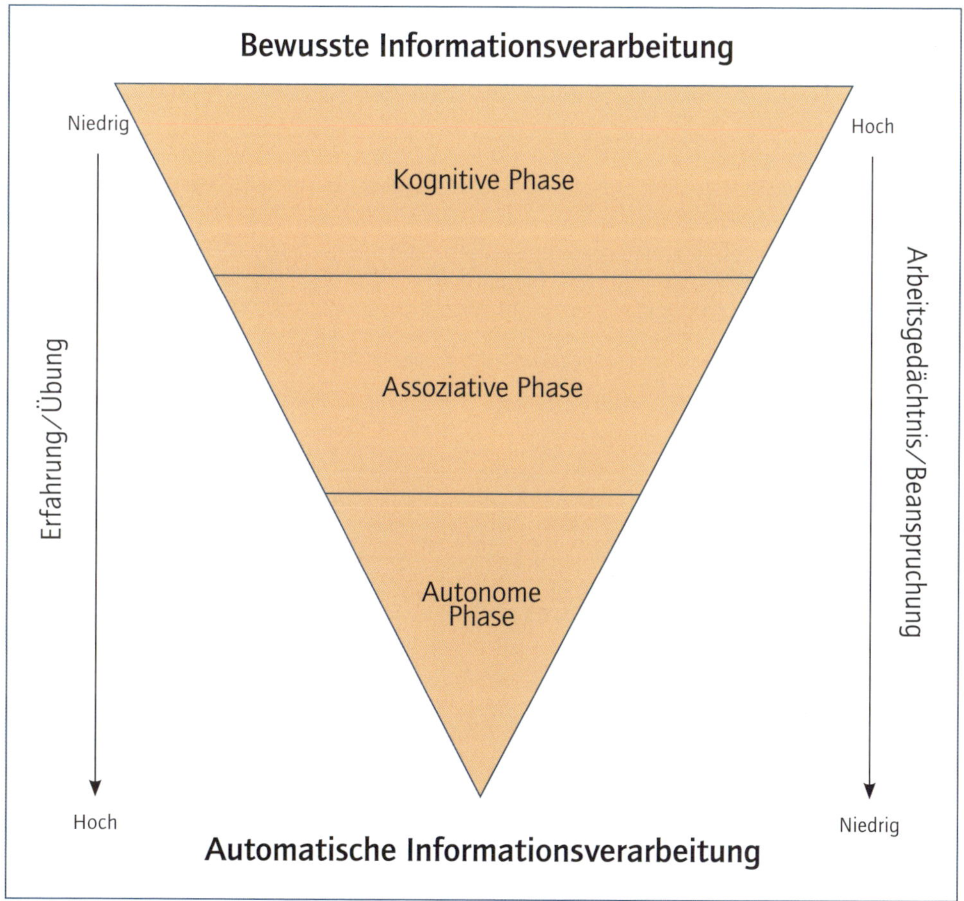

Abb. 9: Beanspruchung des Arbeitsgedächtnisses beim taktischen Lernen in Abhängigkeit vom Expertisegrad des Athleten (Furley & Memmert, 2010)

Demzufolge bedeutet dies insbesondere für das methodische Prinzip *Deliberate Memory* als eines der sieben D's (vgl. Kap. 3.5), dass im positiven Fall Instruktionen des Trainers den Aufmerksamkeitsfokus der Athleten lenken und somit taktische/kreative Entscheidungen erleichtern können. Im negativen Fall greifen Athleten verstärkt auf irrelevante Informationen des Trainers zurück, die das Treffen von optimalen Entscheidungen durch eine ungünstige Aufmerksamkeitskontrolle in der spezifischen Situation verhindern (Furley, Memmert & Heller, 2010).

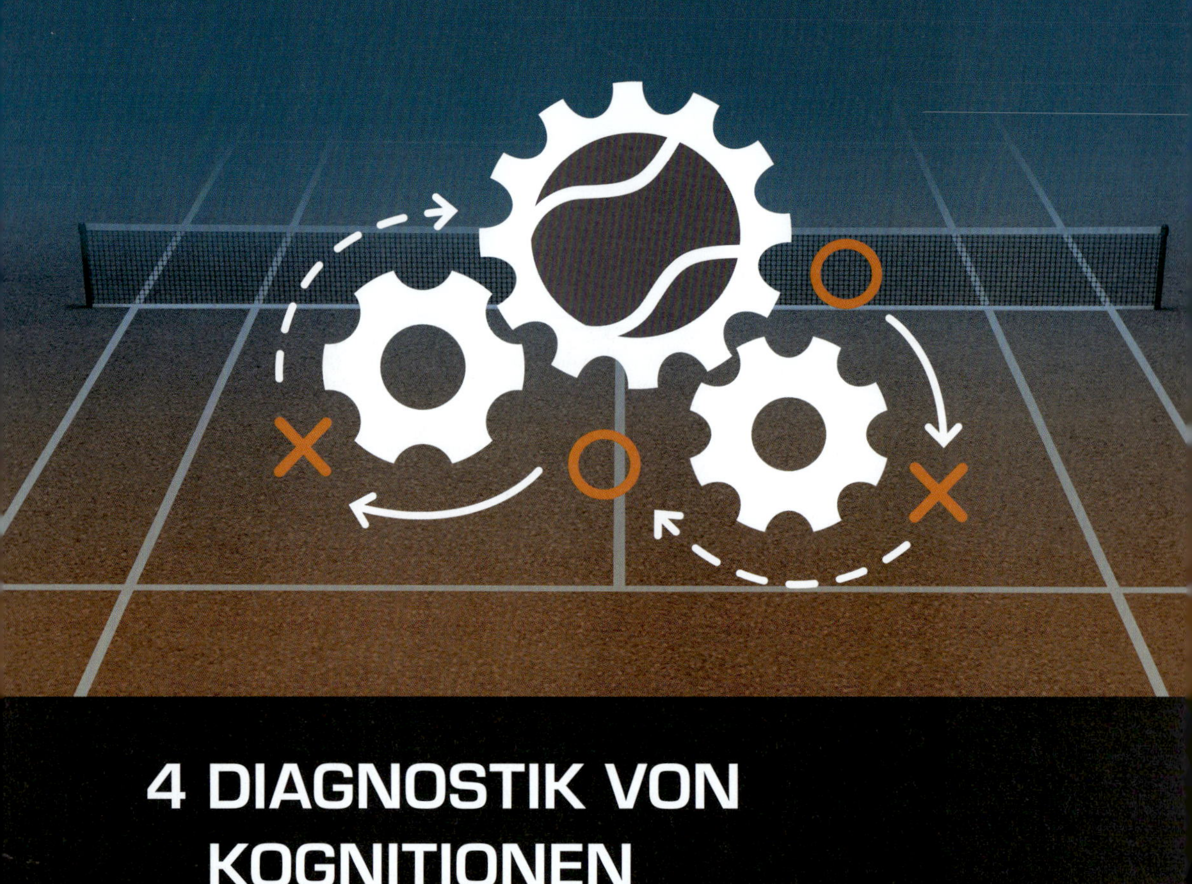

4 DIAGNOSTIK VON KOGNITIONEN

In der Literatur gibt es mittlerweile eine fast nicht mehr überschaubare Flut von kognitiven Tests. Diese reichen von wissenschaftlich abgesichert bis zu reinen Softwareprodukten, die keinem wissenschaftlichen Anspruchsniveau genügen. Im Folgenden wird damit auf einen generellen Überblick verzichtet und ausgewählte Verfahren werden vorgestellt, die am Institut für Trainingswissenschaft und Sportinformatik in den letzten Jahren entwickelt und in Studien und in der Praxis eingesetzt wurden. Exemplarisch werden jeweils vier Labortests sowie vier Feldtests vorgestellt.

4.1 Labortests

Im Folgenden werden exemplarisch vier kognitive Testverfahren vorgestellt, die in verschiedenen Projekten am Institut für Trainingswissenschaft und Sportinformatik entwickelt sowie eingesetzt wurden und werden. Zusammenfassend erhalten dann die Athleten ihre Ergebnisse im Vergleich zu verschiedenen sportartspezifischen Probandengruppen (vgl. Abb. 10).

Kognitive Fähigkeiten

		Aufmerksamkeitsfenster (statisch)	Arbeitsgedächtniskapazität	Anfälligkeit gegen Ablenkung		Geteilte Aufmerksamkeit (dynamisch)
		Der *Attention-Window-Task* bestimmt das mit einem Blick bewusst wahrnehmbare visuelle Feld (in Grad), begrenzt durch die individuelle maximale horizontale (h) und vertikale (v) Ausrichtung.	Der *Working-Memory-Span-Test* misst die Fähigkeit eines Sportlers, seine Aufmerksamkeit auf die momentane Aufgabe zu richten, ohne dabei von anderen Gedanken abgelenkt zu werden.	Der ***Perceptual**-Load-Test* misst, inwieweit Sportler, sich von ***externalen*** Reizen ablenken lassen (Plus-/Minuswerte = höhere/niedrigere Ablenkung), welche völlig irrelevant für ihre Aufgabe – niedrige (n)/hohe (h) perzeptive Belastung – sind.		Im *Motion-Option-Tracking-Test* wird gemessen, bis zu welcher Geschwindigkeit Sportler mehrere, relevante, sich bewegende Objekte verfolgen ***(tracken)*** können.
NN	h	*	55 %	n	-31	*
NN	v			h	68	
Basketball	h	38,0	91 %	n	68	1.251
Bundesliga	v	36,0		h	56	
Tischtennis	h		87 %	n	-24	1.204
Bundesliga	v			h	-9	
Golf	h		62 %	h	48	
Bundesliga	v			n	-35	
Fußball	h	40,0	87 %	n	54	1.274
Bundesliga	v	33,0		h	33	
Fußball	h	24,0	57 %	n	19	1.013
U15	v	18,0		h	-8	
Fußball	h	5,0	57 %	h	23	963
U12/U13	v	4,7		n	-8	
Tennis	h	4,8	55 %	n	12	*
U10	v	5,5		h	26	

Trainingsempfehlung:

Testdatum:

*Nicht erfasst

Abb. 10: Darstellung der Ergebnisse aller vier elementaren Kognitionen eines exemplarischen Sportlers, zusammen mit den Gruppenmittelwerten einzelner anderer Stichproben (Sportart, Alter, Expertise)

4.1.1 Attention-Window-Test

Der *Attention-Window-Test* von Hüttermann, Memmert, Simons und Bock (2013) kann genutzt werden, um die individuelle Aufmerksamkeitsbreite zu beurteilen. Während jeder Testphase werden die Spieler angewiesen, einen zentralen Punkt zu fixieren und zu versuchen, ein hellgraues Dreieck unter hellgrauen Dreiecken und dunkelgrauen Quadraten zu entdecken. Mehrere Versuche lang erscheint das Ziel in unterschiedlichen Abständen vom Mittelpunkt (10°, 20°, 30°) entlang einer von acht gleich langen radialen Linien, die von der Mitte der Anzeige (45° Abstand) ausgehen (vgl. Abb. 11). Diese Zufallsanzeige wird für 300 ms lang eingeblendet, gefolgt von einer farbigen Maske (100 ms).

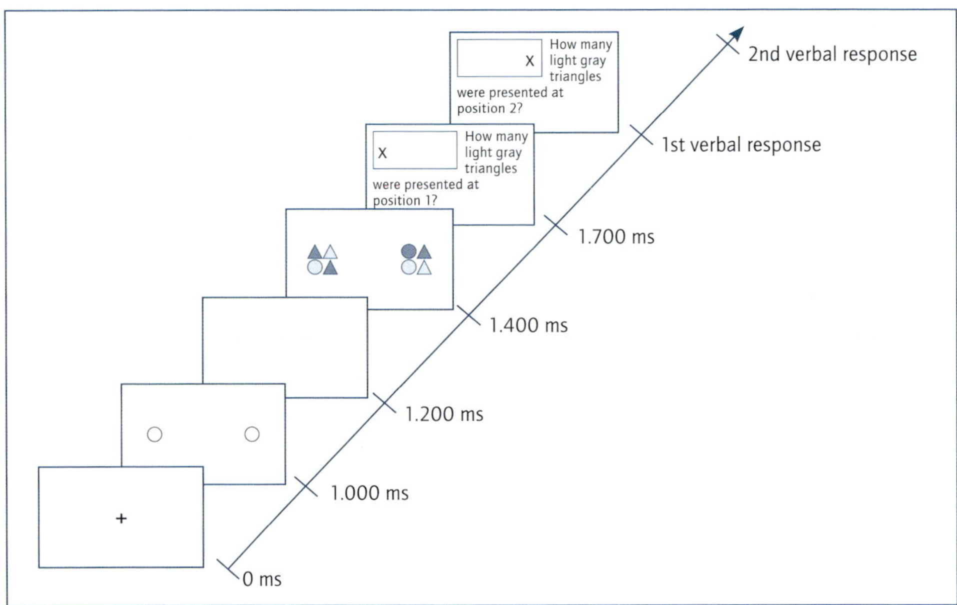

Abb. 11: Darstellung des Attention-Window-Tests (AWT; Hüttermann et al., 2013). Die Aufgabe ist es, zwei Reize gleichzeitig peripher wahrzunehmen. Es wird die maximale, noch wahrnehmbare Entfernung zwischen den Reizen in horizontaler, vertikaler und diagonaler Richtung gemessen und ein maximales Aufmerksamkeitsfenster bestimmt.

Nach der Maskierung werden die Spieler gebeten, anzugeben, wie viele hellgraue Dreiecke sie in jedem Durchgang gerade an den verschiedenen Orten gesehen hatten. Die Teilnehmer müssen 180 Versuche absolvieren. Diese Aufgabe misst, wie gut sich Menschen mit mehreren Objekten befassen können, die weit von der Fixierung (horizontal, vertikal, diagonal) entfernt sind (Hüttermann, Simons & Memmert, 2014).

4.1.2 Working-Memory-Span-Test

Der etablierte *Arbeitsgedächtnistest* von Conway, Kane, Bunting, Hambrick, Wilhelm und Engle (2005) misst die Fähigkeit des Athleten, die Aufmerksamkeit auf die aktuelle Aufgabe zu lenken, ohne sich von anderen Gedanken ablenken zu lassen. Die Verarbeitungsaufgabe besteht darin, bestimmte Formen zwischen den Distraktoren zu zählen und sich dann die Zählsummen für einen späteren Gedächtnisabruf zu merken. Jede Aufgabe enthält zufällig angeordnete dunkelblaue Kreise, grüne Kreise und dunkelblaue Quadrate (vgl. Abb. 12). Die Aufgabe ist es nun, die dunkelblauen Kreise laut zu zählen und dann die Gesamtzahl am Ende laut zu nennen.

Nach 2-6 Aufgaben tritt eine Erinnerungsmaske auf, in die die Spieler ihre gespeicherten Zählsummen genau in der Reihenfolge ausfüllen müssen, in der sie angezeigt werden (siehe Kane, Hambrick, Tuholski, Wilhelm, Payne & Engle 2004, für eine detaillierte Beschreibung).

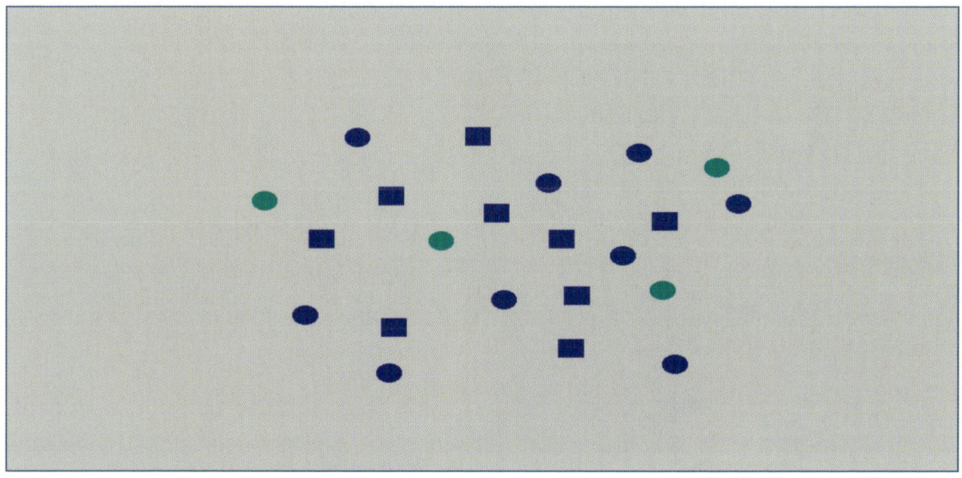

Abb. 12: Darstellung eines Displays des Arbeitsgedächtnistests von Conway et al. (2005). Der Spieler muss zwischen den Distraktoren (grüne Kreise und dunkelblaue Quadrate) alle dunkelblauen Kreise laut zählen und sich dann die Zählsummen für einen späteren Gedächtnisabruf merken.

Die Einfachheit dieser Zählaufgabe ermöglicht es, mit fast allen Spielern durchführbar zu sein. Der Zählspannen-Punktezahl ist ein Teilwert (vgl. Conway et al., 2005), der die Summe aller korrekt abgerufenen Elemente darstellt – wobei ein korrekt abgerufener Gegenstand aus einem Satz mit zwei Gegenständen zwei Punkte erhält und ein korrekt abgerufener Gegenstand aus einem Satz mit sechs Gegenständen sechs Punkte erhält – dividiert durch die maximal mögliche Bewertung. Der Test besteht aus 15 Versuchen. Das abhängige Maß ist die Bewertung der korrekt gespeicherten Objekte in Prozent.

4.1.3 Perceptual-Load-Test

Der *Perceptual-Load-Test* von Beck und Lavie (2005) ist ein Maß für die kognitive Hemmungsfähigkeit, da er bestimmt, inwieweit die Spieler durch Reize abgelenkt werden, die für ihre Aufgabe völlig irrelevant sind. Die Spieler führen einen sportartspezifische Perceptual-Load-Aufgabe (Furley, Memmert & Schmid, 2013 am Beispiel Fußball) durch.

Sie beginnt mit zwei Beispielblöcken (eine hohe und eine niedrige kognitive Ablenkungsbelastung), gefolgt von acht Versuchsblöcken, die sich zwischen Blöcken mit niedriger und hoher Belastung abwechseln (vgl. Abb. 13). Alle Spieler starten mit einem Block unter hoher Belastung. Vor jeder Messung wird ein Fixationskreuz 1.000 ms in der Mitte des Bildschirms angezeigt, gefolgt von der Task-Anzeige mit der sportartspezifische Anordnung und dem Ablenkungsmanöver. Die Aufgabenanzeigen werden für 100 ms dargestellt.

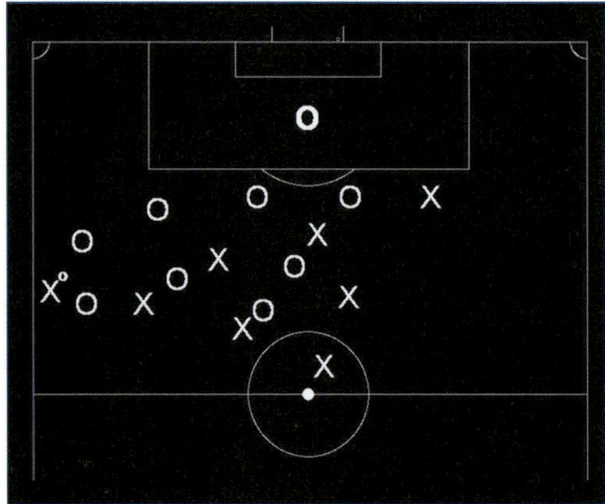

Abb. 13: Darstellung eines Displays der fußballspezifischen Perceptual-Load-Aufgabe von Furley et al. (2013). Die Spieler habe die Aufgabe, die Ablenkung (O im Strafraum) zu ignorieren und so schnell und so genau wie möglich anzugeben, welcher Spieler in Ballbesitz ist (O = Abwehr oder X = Angriff).

Die Spieler bekommen die Anweisung, die Ablenkung zu ignorieren und so schnell und in dieser Beispielaufgabenstellung so genau wie möglich anzugeben, welcher Spieler in Ballbesitz gelangt. Das Ablenkungsmanöver zeigt sich immer an einem Befestigungspunkt (Beck & Lavie, 2005). Die Teilnehmer reagieren mit Tastendruck auf die Zielreize.

Eine neue Aufgabe wird durch die Reaktion des Spielers oder die Auslassungen innerhalb von zwei Sekunden ausgelöst. Nach jedem Versuch wird eine Rückmeldung über die Qualität der Antworten oder Auslassungen mittels eines Computertons gegeben. Nach jedem Block werden die Teilnehmer an die Tastenbelegung erinnert. Der Test besteht aus 160 Versuchen. Das abhängige Maß ist die Reaktionszeit der Wahrnehmungsbelastung, bezogen auf den Zustand der niedrigen und hohen Ablenkung.

4.1.4 Multiple-Object-Tracking-Test

Der *Multiple-Object-Tracking-Test* zur Verfolgung von Bewegungsobjekten misst, bis zu welcher Geschwindigkeit die Spieler in der Lage sind, mehrere relevante, bewegliche Objekte zu verfolgen (Alvarez & Franconeri, 2005). Die Spieler überwachen die Positionen einer Reihe von bewegten Kreisen auf einem Computermonitor. Die Anzeige enthält zunächst vier grüne und drei blaue Kreise.

Nach drei Sekunden im Ruhezustand werden die blauen Gegenstände grün und sind identisch mit den Zielen (grüne Kreise) und alle Kreise beginnen, sich zu bewegen, während die Spieler versuchen, die Positionen der anfänglich grünen Gegenstände zu verfolgen. Der Test ist anpassungsfähig, sodass die Geschwindigkeitsschwellen und die Anzahl der Versuche von den Fähigkeiten der Spieler abhängen. Nach acht Sekunden bleiben die Kreise stehen und die Spieler müssen die drei ehemals blauen Kreise markieren.

Die Leistung wird über die Anzahl der korrekt verfolgten und markierten Kreise definiert. Diese Aufgabe zeigt individuelle Unterschiede in der Fähigkeit auf, die Aufmerksamkeit auf mehrere, unabhängig voneinander bewegliche Objekte zu teilen und zu erhalten (vgl. Abb. 14c).

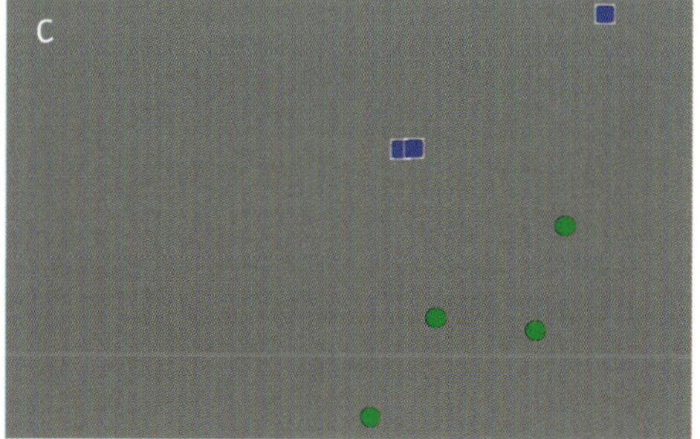

Abb. 14a-c: *Darstellung des Multiple-Object-Tracking-Tests (Cavanagh & Alvarez, 2005). Die Aufgabe ist es, mehrere – (a) Standbild zur Kennzeichnung – sich bewegende Objekte (b) gleichzeitig zu verfolgen und wahrzunehmen, um sie final am Ende des Tests zu identifizieren (c).*

4.2 Feldtests

Elementare Kognitionen sind in der Sportspielpraxis auch als *Basistaktiken* bekannt (Memmert, 2004a). Wie bereits im Kap. 3.4 beschrieben, handelt es sich um grundlegende Kompetenzen, die in vielen Sportspielen, somit auch im Tennis, von besonderer Bedeutung sind, um das Fundament für spätere sportartspezifische (hier im Tennis) Taktiken zu legen.

Spieltestsituationen können sowohl die taktische Kreativität (Memmert, 2010a, b; Memmert & Roth, 2007) als auch die Spielintelligenz (Best-Lösungen) in basistaktischen Aufgabenstellungen bewertbar machen (vgl. Memmert, 2010b; Memmert & Roth, 2003; Memmert, 2013). Die daraus resultierenden, konvergenten Leistungskennziffern können zur Talentdiagnostik im Verein oder zur Benotung im Sportunterricht dienen.

Im Verein kann es sinnvoll sein, mit einer Videokamera das Verhalten der Kinder aufzuzeichnen, um anschließend das taktische Verhalten mithilfe eines Videos und einer Skala zu beurteilen. In der Schule kann der Lehrer auch mithilfe der entwickelten Skala die Bewertung direkt vornehmen.

Exemplarisch werden im Folgenden vier standardisierte Spieltestsituationen mit ihren Skalierungen zur Bewertung konvergenter taktischer Leistungen vorgestellt, die umfassend hinsichtlich der Gütekriterien geprüft wurden (vgl. Memmert, 2004a; b). Diese Diagnosemöglichkeiten verwenden die Basisbaustein-Etiketten von Memmert (2004a). Da diese inhaltlich nahezu identisch mit den Basisbausteinen von Roth und Kröger (2011) sind, haben wir in Klammern die dazugehörigen Basisbaustein-Etiketten von Roth und Kröger (2011) ebenfalls aufgelistet. Spieltestsituationen mit den Skalierungen zur Bewertung divergenter taktischer Leistungen können in Memmert (2010a; b) sowie Memmert und Roth (2007) nachgelesen werden.

In allen Spieltestsituationen können die Spieler entweder mit der Hand, dem Fuß oder verschiedenen Schlägern agieren.

4.2.1 Spieltestsituation „Den Ball dem Ziel annähern"

In der Basistaktik *Den Ball dem Ziel annähern* (eine Überzahl herausspielen) müssen Sportspieler den Ball in die Nähe eines Abschlussraums transportieren. Dazu muss beurteilt werden, ob die sich gerade in Ballbesitz befindenden Spieler den Ball – wenn es sinnvoll ist – in eine bestimmte Richtung des Zielbereichs gespielt haben und ob eine möglichst große Distanz überbrückt wurde (erstes Bewertungskriterium).

Weiterhin müssen die Entscheidungen der Kinder unter Berücksichtigung der Situationen bewertet werden (zweites Bewertungskriterium).

Aus diesen beiden Komponenten soll ein Gesamturteil der individuellen Leistung gebildet werden. In dieser Spieltestsituation wird nur der am Ball aktive Spieler bewertet, es fließt nicht ein, wie gut sich die Spieler anbieten oder im Raum orientieren und wie das Zusammenspiel erfolgt (vgl. Abb. 15).

Abb. 15: Spielfeldgröße = 12 x 8 m; Unterteilung in drei gleich große Felder; Abstand der Videokamera zum Spielfeld = 3 m

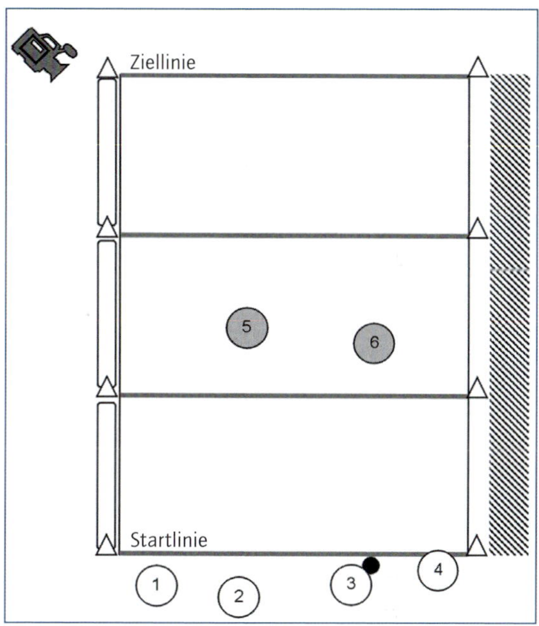

Die Testsituation wird folgendermaßen durchgeführt: In einer Art Parteiballspiel spielen Mannschaft A und B um den Ballbesitz. Wichtig hierbei ist, dass die angreifende Mannschaft A sich mit 4:2 in der Überzahl befindet. Sie hat die Aufgabe, den Ball über die gegnerische Ziellinie zu transportieren. Die angreifenden Spieler dürfen sich den Ball zuspielen, aber nicht mit ihm laufen, ihn prellen oder führen. Bei jedem Versuch befinden sich alle Spieler von Mannschaft A hinter der eigenen Startlinie, wohingegen sich die Spieler der verteidigenden Mannschaft B im mittleren Feld befinden.

Jeder Versuch beginnt, wenn beide Mannschaften richtig aufgestellt sind, auf ein Signal des Lehrers oder Übungsleiters. Die Spielerkonstellationen von Mannschaft A und B werden entgegen dem Uhrzeigersinn zweimal durchgewechselt, wobei jede Formation sechs Angriffe bekommt. Somit hat jeder Spieler 12 Angriffsversuche mit unterschiedlichen Partnern. Die Auswertung erfolgt über eine erprobte Skalierung (s. Tab. 5).

Tab. 5: Skalierung der Basistaktik „Den Ball dem Ziel annähern" (Memmert, 2004a)

Freies Anspiel in Richtung Zielbereich (Qualität der Lösung von Situationen)	Optimale Distanzminimierung	Punkte	Ankerbeispiele
Optimal	Optimal, auch > 8 m (2 Felder)	10	Der Spieler hat, immer wenn es möglich war, den Ball in Richtung des Zielbereichs gespielt und dabei eine möglichst große Distanz überbrückt.
Optimal	Optimal, auch > 4 m (1 Feld)	9	Der Spieler hat fast immer den Ball in Richtung des Zielbereichs gespielt und dabei eine große Distanz überbrückt.
Optimal	Optimal, auch < 4 m (1 Feld)	8	Der Spieler hat meistens den Ball in Richtung des Zielbereichs gespielt und dabei eine große Distanz überbrückt.
Gut, es existiert eine bessere Alternative	Durchschnittlich, > 2 m	7	Der Spieler hat häufig den Ball in Richtung des Zielbereichs gespielt und dabei eine durchschnittliche Distanz überbrückt.
Gut, es existiert eine bessere Alternative	Befriedigend, < 2 m	6	Der Spieler hat häufig den Ball in Richtung des Zielbereichs gespielt und dabei eine befriedigende Distanz überbrückt.
Befriedigend, es existieren zwei bessere Alternativen	Durchschnittlich, > 2 m	5	Der Spieler hat relativ oft den Ball in Richtung des Zielbereichs gespielt und dabei eine durchschnittlich große Distanz überbrückt.
Befriedigend, es existieren zwei bessere Alternativen	Befriedigend, < 2 m	4	Der Spieler hat relativ selten den Ball in Richtung des Zielbereichs gespielt und dabei eine befriedigende Distanz überbrückt.
Ungenügend, es wurde eine schlechte Möglichkeit ausgewählt.	Durchschnittlich, < 4 m	3	Der Spieler hat selten den Ball in Richtung des Zielbereichs gespielt und dabei eine durchschnittliche Distanz überbrückt.
Ungenügend, es wurde eine schlechte Möglichkeit ausgewählt.	Durchschnittlich, > 1-4 m	2	Der Spieler hat fast nie den Ball in Richtung des Zielbereichs gespielt und dabei eine durchschnittliche Distanz überbrückt.
Ungenügend, es wurde eine schlechte Möglichkeit ausgewählt.	Befriedigend, < 1 m	1	Der Spieler hat fast nie den Ball in Richtung des Zielbereichs gespielt und dabei eine nur befriedigende Distanz überbrückt.

4.2.2 Spieltestsituation „Zusammenspiel“

Innerhalb der basistaktischen Spieltestsituation *Zusammenspiel* (Ballbesitz kooperativ) *sichern* müssen Bälle situationsgerecht und schnell zu Partnern weitergespielt werden. Dabei werden zwei taktische Komponenten bewertet: *Entscheidungsqualität* und *-zeit*.

Bei der *Entscheidungsqualität* werden räumliche Entscheidungsleistungen evaluiert bzw. bewertet, wie gut Sportspieler freie Mitspieler situationsgerecht anspielen. In diese Bewertung fließt ein, ob die Kinder im richtigen Moment und auch unter Bedrängung Möglichkeiten wahrnehmen, einen Ball weiterzuspielen.

Durch die zweite Komponente – *Entscheidungszeit* – wird bewertet, ob die Sportspieler zeitlich adäquate Lösungen vollbringen bzw. mit welcher Geschwindigkeit ein Ball abgespielt wird. Wiederum wird nur der am Ball aktive Spieler bewertet. Das Ergebnis repräsentiert ein Gesamturteil der individuellen, taktischen Leistung bezüglich der Entscheidungsqualität und der Entscheidungszeit.

Abb. 16 veranschaulicht die Durchführung mit fünf Spielern. Die vier Angreifer stehen in den markierten Feldern und dürfen diese nicht verlassen. Weiterhin gibt es einen Abwehrspieler, dem das übrige Spielfeld zur Verfügung steht und der die vier Quadrate nicht betreten darf. Die Aufgabe der vier Angreifer ist es, sich einen Ball in einer Minute so oft und so schnell wie möglich zuzuspielen. Der ballbesitzende Spieler hat jeweils zwei Abspielmöglichkeiten, da Diagonalpässe nicht erlaubt sind. Die Aufgabe des Abwehrspielers ist es, das Zuspiel zu verhindern. Gelingt ihm dies, wird der Ball anschließend wieder freigegeben. Die Angreifer dürfen den Ball nicht mittels „Bogenlampen“ über den Abwehrspieler werfen. Nach jeweils einer Minute werden die Positionen nach einer vorgegebenen Rotationsfolge gewechselt. Somit hat jeder Spieler vier Minuten im Angriff (vgl. Tab. 6).

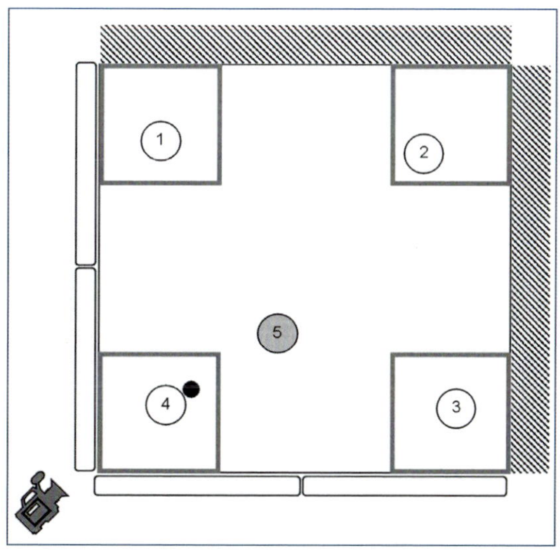

Abb. 16: Spielfeldgröße = 3,60 x 3,60 m; Seitenlängen der vier quadratischen Felder = 1,0 m; Abstand der Videokamera (auf einem Mattenwagen) zum Spielfeld = 6 m

Tab. 6: Skalierung der Basistaktik „Zusammenspiel" (Memmert, 2004a)

Entscheidungsrichtigkeit adäquates Abspiel (Fehler/Qualität)	Entscheidungszeit Geschwindigkeit	Punkte	Ankerbeispiel
Immer optimal (keine Fehler)	Leicht verzögert	10	Der Spieler hat bis auf eine kritische Situation optimal und möglichst schnell abgespielt.
(Kaum Fehler)	Gar nicht verzögert		
Immer optimal (keine Fehler)	Leicht/stark verzögert	9	Der Spieler hat bis auf 1-2 kritische Situationen optimal abgespielt, allerdings häufig mit leichter Zeitverzögerung.
(Kaum Fehler/kritisch)	Gar nicht verzögert		
Meistens optimal (> 85 %) (kaum Fehler/kritisch)	Stark verzögert	8	Der Spieler hat stark verzögert den Ball abgespielt und dabei kaum Fehler gemacht.
(Wenige Fehler/kritisch)	Gar nicht/leicht verzögert		
Meistens optimal (wenige Fehler/kritisch)	Stark verzögert	7	Der Spieler hat leicht verzögert den Ball abgespielt und dabei wenige, hauptsächlich kritische Fehler gemacht.
(Wenige, hauptsächlich kritische Fehler)	Gar nicht/leicht verzögert		
Überwiegend gut (> 70 %) (wenige, hauptsächlich kritische Fehler)	Stark verzögert	6	Der Spieler hat schnellstmöglich den Ball abgespielt und dabei einige, teilweise grobe Fehler gemacht.
(Wenige kritische und grobe Fehler)	Leicht/ gar nicht verzögert		
Überwiegend gut (wenige kritische und grobe Fehler)	Stark verzögert	5	Der Spieler hat leicht verzögert den Ball abgespielt und dabei einige grobe Fehler gemacht.
(Wenige, hauptsächlich grobe Fehler)	Gar nicht/leicht verzögert		
Häufig schlecht (> 60 %) (mehrere, hauptsächlich kritische Fehler)	Stark verzögert	4	Der Spieler hat stark verzögert den Ball abgespielt und dabei einige grobe Fehler gemacht.
(Mehrere kritische und grobe Fehler)	Gar nicht/leicht verzögert		
Häufig schlecht (mehrere, kritische und grobe Fehler)	Stark verzögert	3	Der Spieler hat leicht verzögert den Ball abgespielt und viele kritische und grobe Fehler gemacht.
(Mehrere, hauptsächlich grobe Fehler)	Leicht verzögert		

Entscheidungsrichtigkeit adäquates Abspiel (Fehler/Qualität)	Entscheidungszeit Geschwindigkeit	Punkte	Ankerbeispiel
Sehr häufig schlecht (< 60 %) (viele kritische und grobe Fehler)	Stark verzögert	2	Der Spieler hat stark verzögert den Ball abgespielt und dabei viele grobe Fehler gemacht. Das Treffen von Entscheidungen war kaum zu erkennen.
(Viele, hauptsächlich grobe Fehler)	Gar nicht/leicht verzögert		
Sehr häufig schlecht (< = 50 %) (sehr viele grobe Fehler)	Unabhängig von der Entscheidungszeit	1	Der Spieler hat wahllos den Ball abgespielt und dabei sehr viele grobe Fehler gemacht.

4.2.3 Spieltestsituation „Die Lücken ausnutzen"

Innerhalb der basistaktischen Spieltestsituation *Die Lücken ausnutzen* (die Lücke erkennen) müssen Lücken situationsadäquat erkannt und genutzt werden. Daher wird beurteilt, ob Spieler die „optimale" Lücke erkannt haben bzw. vorhandene Lücken nicht erkannt haben. Falls in einer bestimmten Situation keine Lücke vorhanden ist, muss ein Abspiel in den eigenen Reihen erfolgen. Wiederum wird nur der am Ball aktive Spieler bewertet und nicht, wie gut sich die Spieler anbieten, im Raum orientieren oder wie das Zusammenspiel erfolgt.

Für die Durchführung dieser Spieltestsituation *Lücken ausnutzen* wird die aus vier Spielern bestehende, angreifende Mannschaft auf zwei Zonen mit jeweils zwei Spielern aufgeteilt (Abb. 17). Die abwehrende Mannschaft besteht aus drei Spielern und agiert im mittleren Bereich, den sie nicht verlassen darf. Weiterhin dürfen die angreifenden Mannschaften diesen mittleren Bereich nicht betreten. Die angreifenden Spieler müssen ihre jeweiligen Plätze (links oder rechts des Aktionsfeldes) halten und dürfen nicht mit dem Ball laufen. Zuspiele innerhalb der beiden angreifenden Teams sind er-

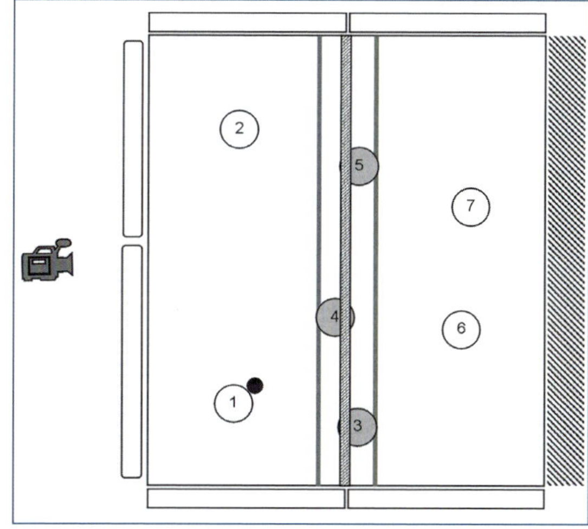

Abb. 17: Spielfeldgröße = 8 x 7 m; Breite der mittleren Zone = 1 m; Höhe des Baustellenbandes über der mittleren Zone = 1,50 m; Abstand der Videokamera zum Spielfeld = 8 m

laubt. Die abwehrende Mannschaft dreht sich stets zu dem ballbesitzenden Spieler. Nach jeweils zwei Minuten werden die Positionen systematisch gewechselt, sodass jedes Kind sich zweimal in einer Angriffsposition befindet (vgl. Tab. 7).

Tab. 7: Skalierung der Basistaktik „Lücken ausnutzen" (Memmert, 2004a)

Qualität der Lösung der Situation (Ausnutzen von Lücken oder Abspiel)	Deutlichkeit der Situation	Punkte	Ankerbeispiel
Optimal	Schwere Situation	10	Der Spieler hat auch bei schwierigen Situationen immer optimal die Lücke ausgenutzt oder zu einem Mitspieler mit einer besseren Lücke gepasst.
Optimal	Mittelschwere Situation	9	Der Spieler hat bis auf wenige kritische Entscheidungen optimal die Lücke ausgenutzt und mittelschwere Situationen vorgefunden.
Optimal	Leichte Situation	8	Der Spieler hat fast immer optimal die Lücke ausgenutzt und gegen eine schwache Abwehr gespielt, bei der leichte Situationen auftauchten.
Gut, es existiert nur eine bessere Alternative.	Schwere Situation	7	Der Spieler hat fast immer optimal die Lücke ausgenutzt und vorwiegend schwere Situationen gehabt.
Gut, es existiert nur eine bessere Alternative.	Mittelschwere Situation	6	Der Spieler hat bis auf wenige kritische Entscheidungen optimal die Lücke ausgenutzt, wobei leichte und schwierige Situationen vorkamen.
Befriedigend, es existieren zwei bessere Alternativen.	Mittelschwere Situation	5	Der Spieler hat mehrere kritische Entscheidungen gehabt, jedoch keine schlechten. Die Situationen waren mittelschwer.
Befriedigend, es existieren zwei bessere Alternativen.	Leichte Situation	4	Der Spieler hat einige schwere Fehler in leichten Situationen gemacht, sonst aber die Lücken gut erkannt.
Ungenügend, es wurde eine schlechte Möglichkeit ausgewählt.	Schwere Situation	3	Der Spieler hat mehrere schlechte Entscheidungen getroffen, aber sonst keine schweren Fehler in schweren Situationen gemacht.
Ungenügend, es wurde eine schlechte Möglichkeit ausgewählt.	Mittelschwere Situation	2	Der Spieler hat viele kritische Entscheidungen in leichten Situationen getroffen. Die Situationen waren als mittelschwer einzustufen.
Ungenügend, es wurde eine schlechte Möglichkeit ausgewählt.	Leichte Situation	1	Der Spieler hat mehrere schwere Fehler in leichten Situationen gemacht.

4.2.4 Spieltestsituation „Eine Überzahl herausspielen"

In der standardisierten Spieltestsituation *Eine Überzahl herausspielen* (Anbieten & Orientieren) geht es darum, zum richtigen Zeitpunkt eine optimale Position auf dem Spielfeld (vgl. Abb. 18) einzunehmen. Daher ist das zu bewertende Kriterium das adäquate Aufsuchen von anspielbaren Positionen im Raum. Demzufolge werden die Spieler, die nicht den Ball besitzen, beurteilt. Im Gegensatz zu den vorherigen Spieltestsituationen fließt in die Bewertung nicht ein, ob ein Pass gespielt wird oder erfolgreich ist bzw. ob eine Distanzüberwindung oder eine Zielorientierung stattfindet. Weiterhin wird versucht, die Schwierigkeit der Situation mitzubewerten. Das Ergebnis stellt ein Gesamturteil der individuellen Leistung in Bezug auf das Einnehmen von anspielbaren Positionen im Raum dar.

Für die Durchführung der Spieltestsituation *Anbieten und Orientieren* agiert ein angreifendes Team A und ein abwehrendes Team B gegeneinander, die jeweils aus drei Spielern bestehen. Die Aufgabe der angreifenden Mannschaft A ist es, sich den Ball so oft wie möglich zuzupassen, wobei mit dem Ball nicht gelaufen werden darf. Team B versucht, die Zuspiele abzufangen. Die Abwehrspieler müssen 2 m Abstand zum Ballhalter wahren.

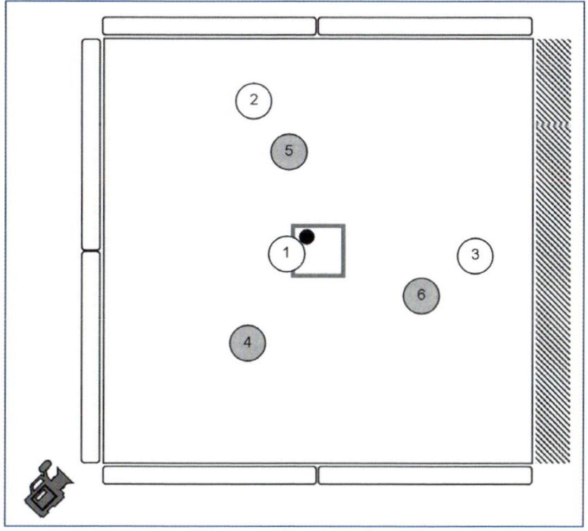

Abb. 18: Spielfeldgröße = 9 x 9 m; Startquadratgröße = 1 x 1 m; Abstand der Videokamera zum Spielfeld = 4 m

Zu Beginn des Spiels oder nach einem abgefangenen Ball von der Abwehr muss sich ein Angreifer mit Ball in einem vordefinierten Startquadrat befinden. Die übrigen Spieler können sich frei auf dem gesamten Spielfeld verteilen. Nach jeweils zwei Minuten werden die Spieler aus den drei Mannschaften systematisch durchgewechselt, damit sich jedes Kind im Laufe des Spieltests mit unterschiedlichen Partnern zweimal im Angriff befindet (vgl. Tab. 8).

Alternativ kann hier mit einem stärkeren Bezug zu den Rückschlagspielen auch über ein Volleyballnetz die Basistaktik *Anbieten & Orientieren* getestet werden (vgl. dazu Roth, Kröger & Memmert, 2002, S. 70, Spielform „Aufschlagspiel").

Tab. 8: Skalierung der Basistaktik „Anbieten & Orientieren" (Memmert, 2004a)

Qualität der Leistung (adäquates Aufsuchen von anspielbaren Positionen im Raum)	Deutlichkeit der Situation für den Agierenden	Punkte	Ankerbeispiele
Optimal: immer anspielbar	Eher schwer	10	Der Spieler hat trotz einer eher schweren Situation immer die optimale Position aufgesucht und so dem Ballbesitzenden immer die Möglichkeit gegeben, ihn anzuspielen.
Optimal: immer anspielbar	Eher leicht	9	Der Spieler hat immer die optimale Position aufgesucht und so dem Ballbesitzenden immer die Möglichkeit gegeben, ihn anzuspielen. Die Situation war jedoch weniger schwierig.
Fast optimal: fast immer anspielbar	Eher schwer	8	Der Spieler hat trotz einer eher schweren Situation fast immer die optimale Position aufgesucht und so dem Ballbesitzenden meist die Möglichkeit gegeben, ihn anzuspielen.
Fast optimal: fast immer anspielbar	Eher leicht	7	Der Spieler hat fast immer die optimale Position aufgesucht und so dem Ballbesitzenden meist die Möglichkeit gegeben, ihn anzuspielen. Die Situation war jedoch weniger schwierig.
Gut: häufig anspielbar	Eher schwer	6	Der Spieler hat trotz einer eher schweren Situation häufig die optimale Position aufgesucht und so dem Ballbesitzenden oft die Möglichkeit gegeben, ihn anzuspielen.
Befriedigend: unregelmäßig anspielbar	Eher leicht	5	Der Spieler hat unregelmäßig die optimale Position aufgesucht und so dem Ballbesitzenden manchmal die Möglichkeit gegeben, ihn anzuspielen. Die Situation war weniger schwierig.
Mangelhaft: fast nie anspielbar	Eher schwer	4	Der Spieler hat fast nie die optimale Position aufgesucht und so dem Ballbesitzenden selten die Möglichkeit gegeben, ihn anzuspielen. Die Situation war aber eher schwer.
Mangelhaft: fast nie anspielbar	Eher leicht	3	Der Spieler hat trotz einer eher leichteren Situation fast nie die optimale Position aufgesucht und so dem Ballbesitzenden selten die Möglichkeit gegeben, ihn anzuspielen.
Ungenügend: nie anspielbar	Eher schwer	2	Der Spieler hat nie die optimale Position aufgesucht und so dem Ballbesitzenden nie die Möglichkeit gegeben, ihn anzuspielen. Die Situation war aber eher schwer.
Ungenügend: nie anspielbar	Eher leicht	1	Der Spieler hat trotz einer eher leichteren Situation nie die optimale Position aufgesucht und so dem Ballbesitzenden nie die Möglichkeit gegeben, ihn anzuspielen.

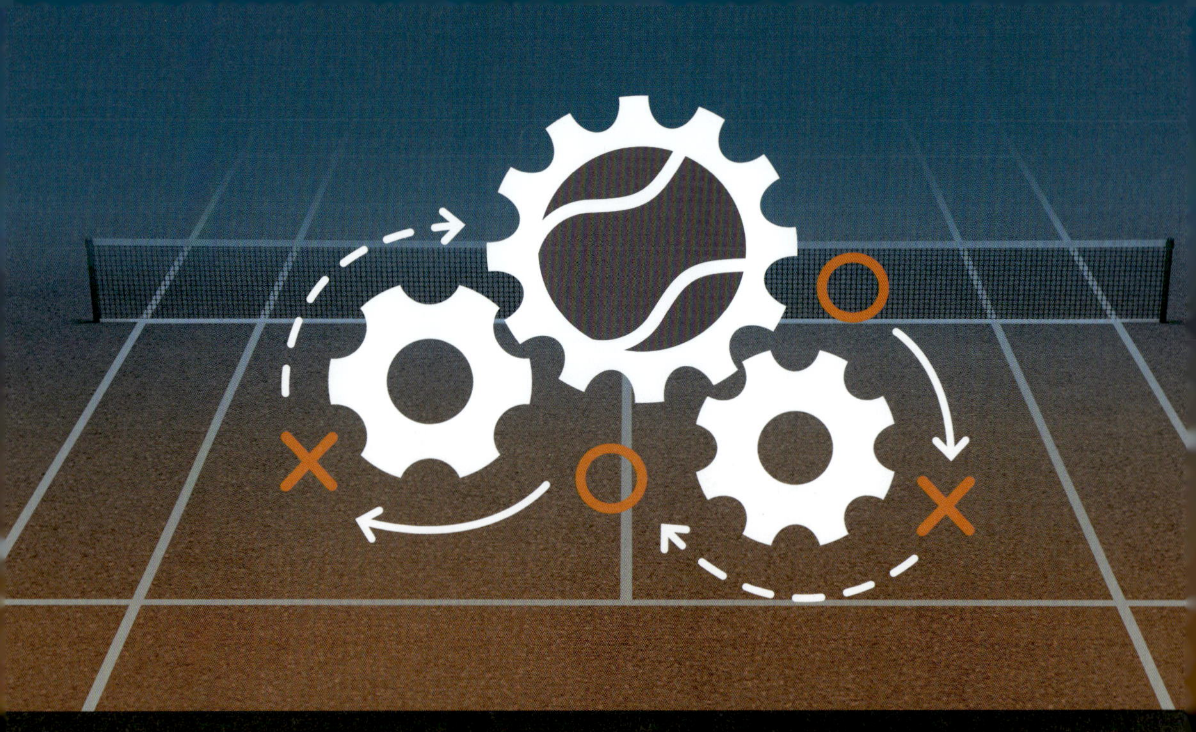

5 SPIELFORMEN ZUM KOGNITIVEN TRAINING

5.1 Spielformen zur Antizipation

5.1.1 Aufschlag lesen

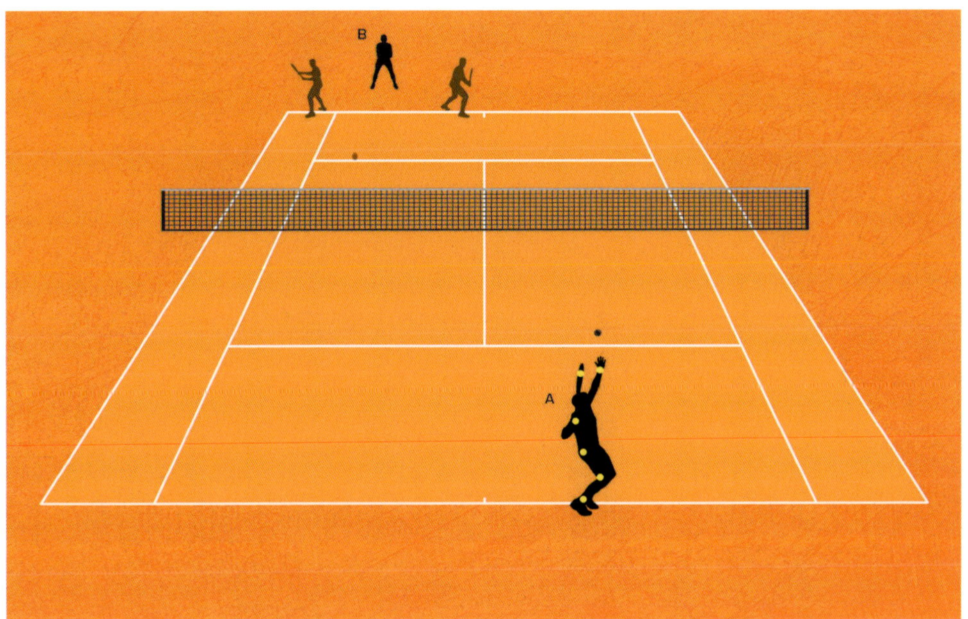

Organisation

Spieler A schlägt auf und Spieler B retourniert. Der Aufschläger wird an relevanten Beobachtungspunkten *(Information-Rich Areas)* für die Antizipation markiert. Am besten klappt dies mit einem farbigen Kinesiotape (einen Rechtshänder am linken Handgelenk, an der linken und rechten Schulter und an den Hüften markieren). Ein guter farblicher Kontrast zur Kleidung sollte unbedingt bestehen.

Ablauf

Der Trainierende ist der Rückschläger B. Er muss versuchen, die Aufschläge von A durch gezielte Bewegungsvorausnahme bestmöglich zu lesen. Wichtig ist, dass der Retournierende sich bereits vor dem Treffpunkt des Aufschlägers für eine Seite entscheidet, denn so tritt die Reaktionsschnelligkeit in den Hintergrund und die Antizipation wird besonders gut geschult. Die Aufmerksamkeit sollte dabei auf das gesamte Bewegungsbild des Aufschlägers gerichtet sein. Die Markierungen sollen helfen, möglichst viele Informationen wahr- und aufzunehmen.

Variation

Der Aufschläger rückt weiter ins Feld hinein, um den Rückschläger unter größeren Zeitdruck zu setzen. Es empfiehlt sich, um jeweils eine Schlägerlänge nach vorne zu rücken, bis der Rückschläger optimal gefordert ist und den Ball nur erreichen kann, wenn er antizipiert, wohin der Aufschlag kommen wird.

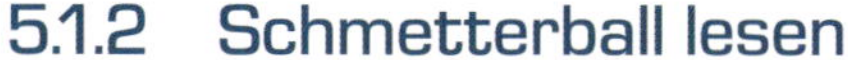

5.1.2 Schmetterball lesen

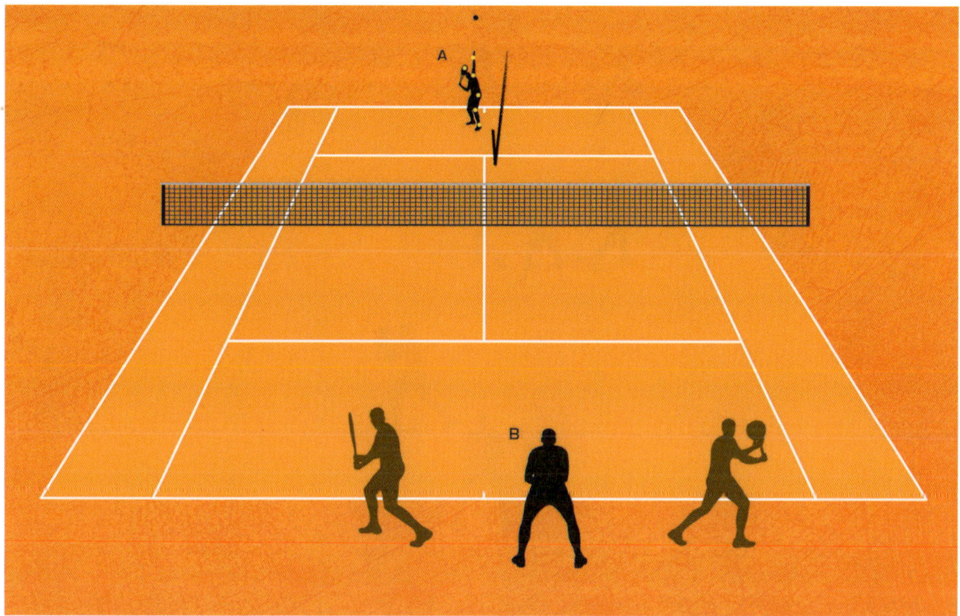

Organisation

Spieler A wird an den relevanten Beobachtungspunkten *(Information-Rich Areas)* für die Antizipation markiert. Am besten klappt dies mit einem farbigen Kinesiotape (einen Rechtshänder am linken Handgelenk, an der linken und rechten Schulter und an den Hüften markieren). Ein guter farblicher Kontrast zur Kleidung sollte unbedingt bestehen.

Ablauf

Spieler A steht auf der Grundlinie und Spieler B spielt einen sehr hohen, steilen Lob als ersten Ball an, der im hinteren Drittel des Feldes aufkommen sollte. Spieler A soll den Ball einmal aufspringen lassen und im Anschluss als Überkopfball spielen. Spieler B nimmt eine defensive Position weit hinter der Grundlinie ein und versucht zu erkennen, wohin A den Schmetterball schlagen wird. Spieler B versucht die Bälle von A möglichst gut zu lesen. Wichtig ist, dass sich B für eine Seite entscheidet, ehe A den Ball trifft. Die Aufmerksamkeit sollte hierbei auf die gesamten Bewegungen von A gerichtet sein. Die Markierungen an den *Information-Rich Areas* dienen zur Hilfe und Orientierung.

Variationen

- Der Lob wird etwas kürzer angespielt und springt einmal auf, ehe A den Ball schmettert.
- Der Ball wird aus der Luft als Smash geschlagen.

5.1.3 Angriffsschläge und Passierbälle lesen

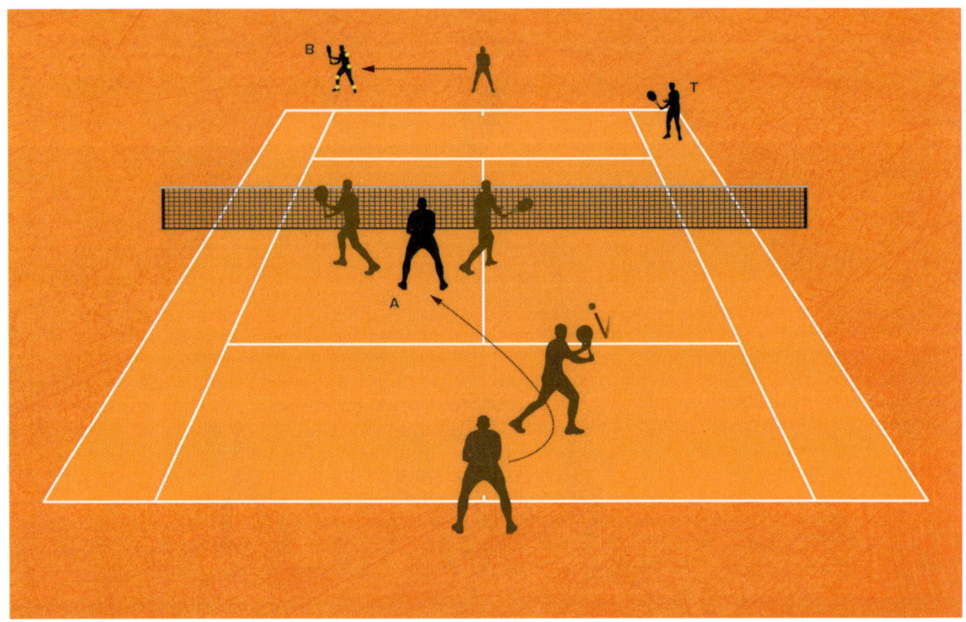

Organisation

Spieler A und B positionieren sich mittig an der Grundlinie. Beide Spieler werden an relevanten Beobachtungspunkten *(Information-Rich Areas)* mit Tape markiert (einen Rechtshänder an der linken Schulter, einen Linkshänder an der rechten Schulter). Ein farblicher Kontrast zur Kleidung sollte bestehen.

Ablauf

Der Ball wird entweder vom Trainer T oder Spieler B kurz auf die T-Linie gespielt. Spieler A soll den kurzen Ball attackieren und einen Angriffsschlag aus einer offenen Schlagstellung machen. Spieler B antizipiert, in welche Ecke A angreifen wird und versucht, Spieler A am Netz zu passieren. Spieler A wiederum soll erkennen, wohin B den Passierball schlagen wird, um den Punkt mit einem Volley zu beenden. Nach 5-10 Wiederholungen werden die Rollen getauscht. Es ist nicht erlaubt, einen Lob zu spielen.

Variation

- Lobs sind erlaubt.

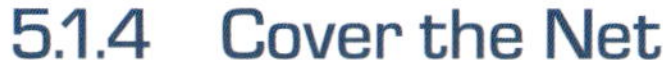

5.1.4 Cover the Net

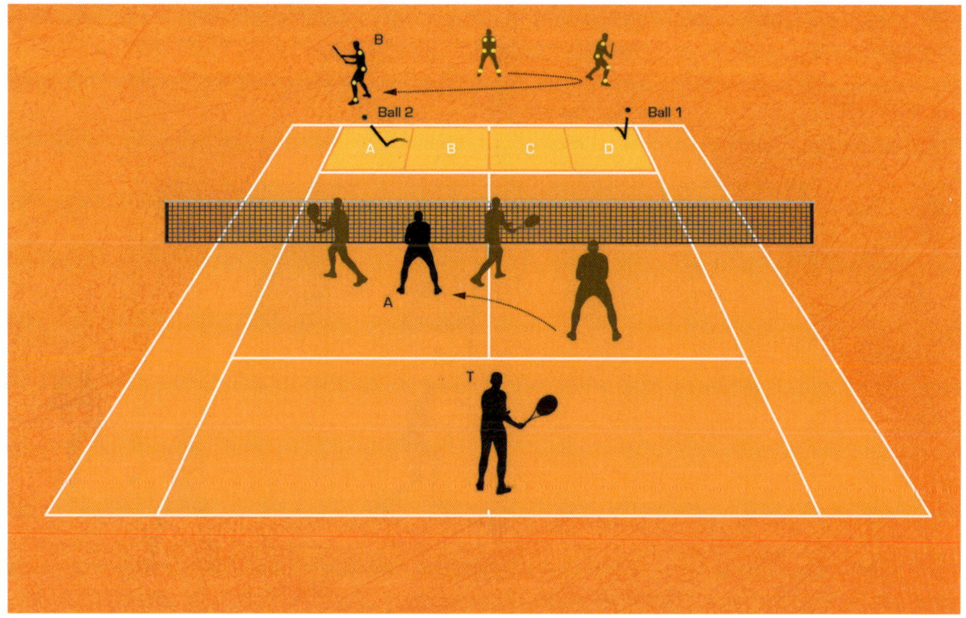

Organisation

Spieler A steht ungefähr eine Schlägerlänge vor der T-Linie am Netz. Spieler B wird an den *Information-Rich Areas* mit einem bunten Tape markiert und nimmt eine neutrale Position an der Grundlinie ein. Trainer T spielt die Bälle aus dem Korb in die Ecken.

Ablauf

Trainer T spielt aus der Mitte zwei Bälle abwechselnd in die Felder D und A. Spieler A positioniert sich am Netz leicht seitlich versetzt und beobachtet passiv, im Speziellen, wie B aus der Vorteilsecke herauskommt. Der zweite Ball wird Spieler B in den Lauf gespielt, sodass er einen harten Passierball schlagen kann. In der Skizze wird B zuerst eine Rückhand schlagen und dann einen Passierball mit der Vorhand spielen. Spieler A hat die Aufgabe, die richtige Ecke zu erahnen. Wichtig ist, dass A sein Abdeckverhalten am Netz so „matchgetreu" und dynamisch wie möglich gestaltet.

Variationen

- Lobs sind erlaubt.
- Winkelbälle sind erlaubt.
- Die farbigen Markierungen werden bei Spieler B entfernt.

5.1.5 Drei-Zonen-Spiel

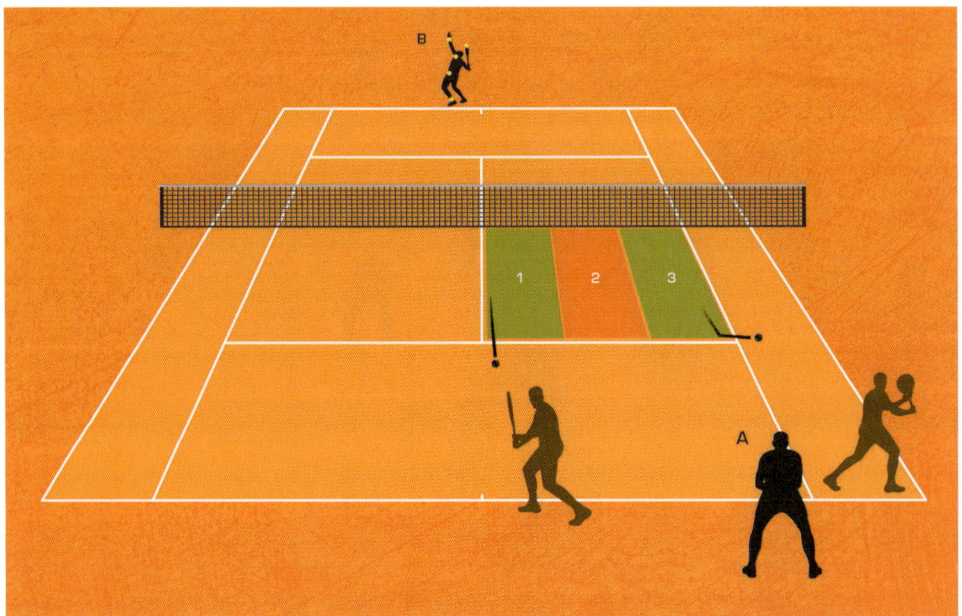

Organisation

Das Aufschlagfeld wird in drei Zonen unterteilt. Aufschläger B sollte an den *Information-Rich Areas* markiert werden.

Ablauf

Aufschläger B gibt vor dem Aufschlag einen Hinweis, in welches Feld der Aufschlag nicht kommt. Returnspieler A versucht, den Aufschlag zu lesen.

Variationen

- Returnspieler A bekommt zusätzlich noch eine Richtungsvorgabe für den Return.
- Die farbigen Markierungen werden beim Aufschläger entfernt.

5.1.6 Slice or not

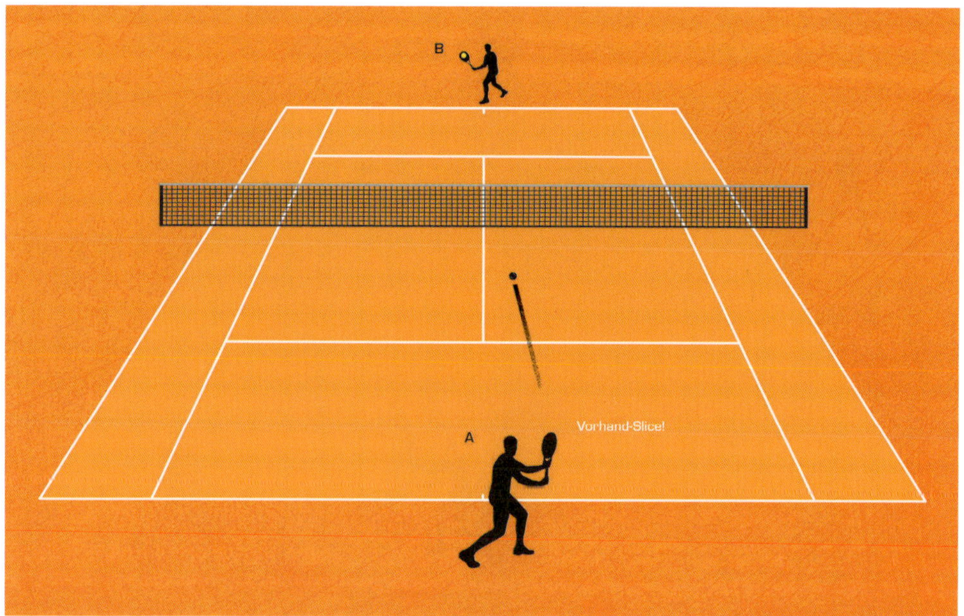

Organisation

Für diese Übung sind nur Bälle nötig.

Ablauf

Spieler A und B spielen gemeinsam einen Ballwechsel durch die Mitte. Dabei haben beide Spieler zwei Aufgaben: Zum einen sollen sie Vor- und Rückhandslice in den Ballwechsel einstreuen. Zum anderen sollen sie möglichst früh den Slice des Partners erkennen und dabei „Slice" rufen.

Variationen

- Neben dem Slice sollen A und B auch Stops spielen, die möglichst früh erkannt werden sollen.
- Neben dem Slice und dem Stop sollen A und B eine weitere Slicevariationen möglichst früh erkennen – den Sliceangriffsball.

5.1.7 Schätzspiel

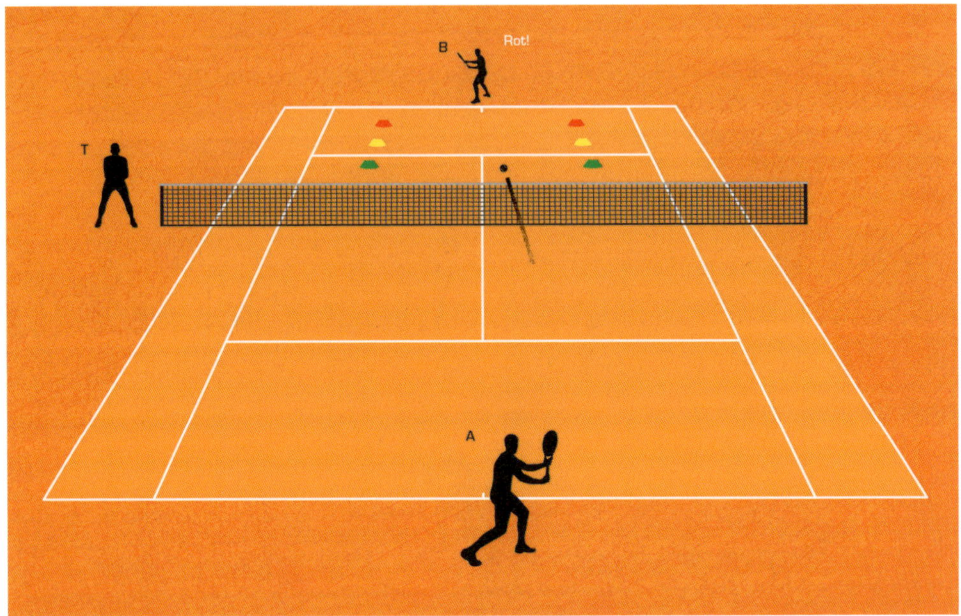

Organisation

Trainer T positioniert sich auf Höhe des Netzes. Spieler A und B positionieren sich parallel auf der Grundlinie.

Ablauf

Spieler A und B schlagen Bälle durch die Mitte. Spieler B muss möglichst früh erkennen, wie lang der Ball wird und, ehe dieser das Netz passiert, seine Einschätzung, rot, gelb oder grün, laut kundtun. Der Trainer überprüft, ob der Ball das Netz bereits passiert hat, wenn B seine Einschätzung abgibt. Er kann den Spielern den Zeitpunkt, an dem der Ball das Netz überquert, durch optische oder akustische Zeichen anzeigen (Heben der Hand oder „Netz" rufen).

Variationen

- Die Übung wird in einem Crossduell ausgeführt.
- Neben der Länge ist auch die Zone durch einen der Spieler zu benennen (A/B/C oder D), in der der Ball aufspringen wird. Beispiel: Rot und A.

5.2 Spielformen zur Wahrnehmung

5.2.1 Stick with it

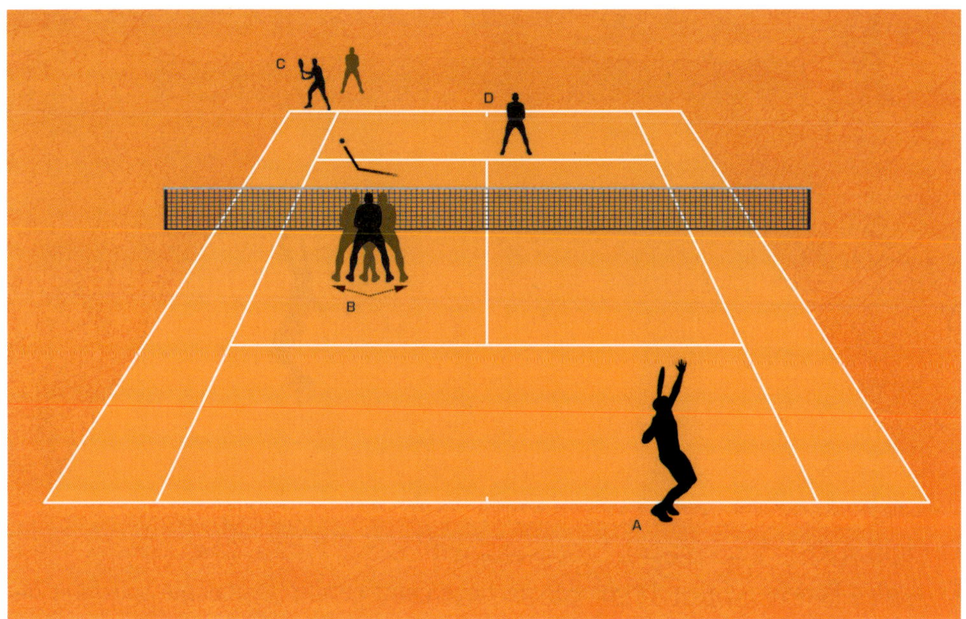

Organisation

Es wird zwei gegen zwei auf einem Doppelfeld gespielt. Die Teams nehmen die Doppel-Grundpositionen ein.

Ablauf

Rückschläger C hat die Aufgabe, die Returns „cross" ins Feld zu spielen und sich durch die Aktivität des gegnerischen Netzspielers B nicht ablenken zu lassen. Auch wenn sich dieser nach innen bewegt, sollte dies ignoriert und „cross" retourniert werden.

Variationen

- Der Netzspieler geht etwas weiter nach außen, um das „Longline"-Feld abzudecken.
- Der Retournierende spielt „longline", obwohl sich der Netzspieler dort positioniert hat.

5.2.2 Stay tuned

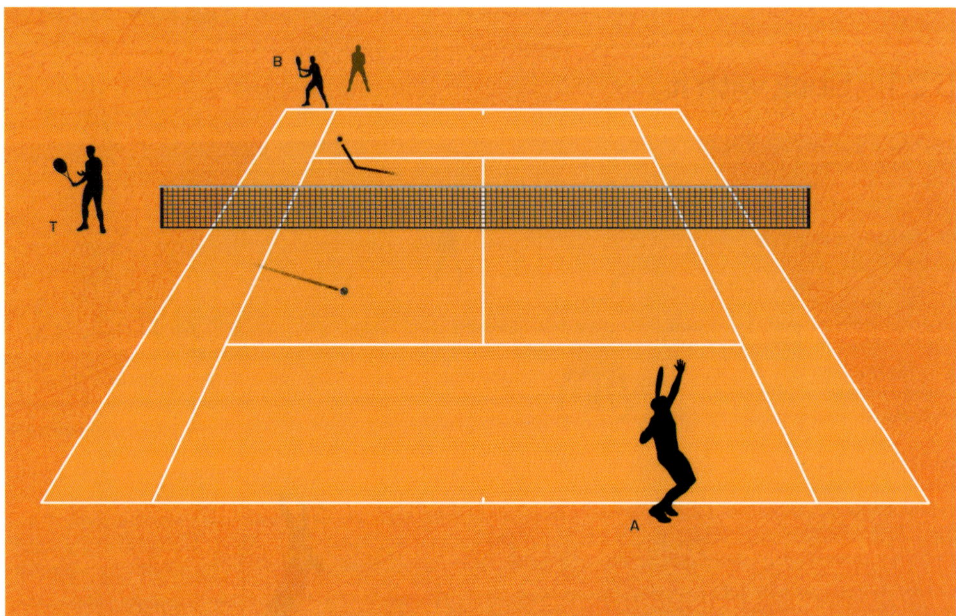

Organisation

Es werden Punkte auf dem Einzelfeld eins gegen eins gespielt, wobei die Spielform frei gewählt werden kann.

Ablauf

Während des Ballwechsels wird bewusst eine Störung von außen verursacht, beispielsweise wird ein Ball vom Trainer T ins Spielfeld gerollt, während B retourniert. Die Spieler sollten sämtliche irrelevanten Informationen, so gut es geht, ausblenden.

Variationen

- Von anderen Spielern wird Lärm verursacht, z. B. Handyklingeltöne, Reinrufen oder laute Musik.
- Es passiert immer wieder, dass Spieler in einem Match „Aus"-Rufe eines Zuschauers wahrnehmen und sich dadurch ablenken lassen. Eine einfache Trainingsform dazu wäre, ein Trainingsmatch mit Stuhlschiedsrichter zu spielen und ab und zu absichtlich „out" durch einen Zuschauer reinrufen zu lassen, während sich die Spieler dadurch in ihrer Konzentration nicht irritieren lassen.
- Blitzlichter durch Fotokameras.

- Einer der Spieler bekommt die Anweisung, besonders motiviert (überdreht) oder besonders desinteressiert/unmotiviert zu sein. Der trainierende Spieler darf sich durch die Körpersprache des anderen nicht beeinflussen lassen.
- Spieler A wird während eines Trainingsmatchs angewiesen, den Verletzten zu mimen oder Krämpfe vorzutäuschen. Spieler B wird darüber nicht in Kenntnis gesetzt. Trainer T und Spieler A beobachten gemeinsam, wie B mit der Situation umgeht.

5.2.3 Gegnerobservierung I

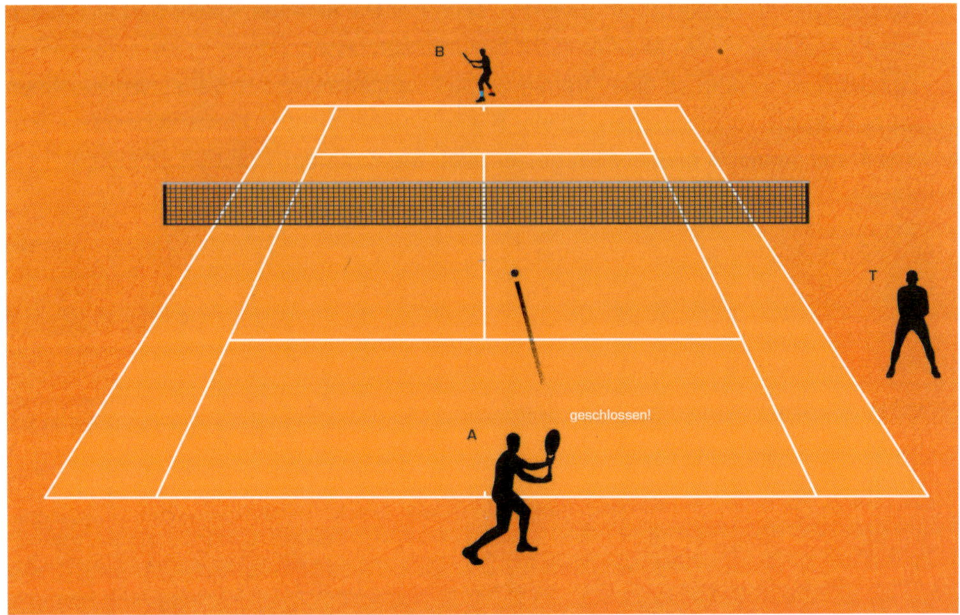

Organisation

Bei dieser Übung geht es um das Observieren des Gegners, beispielsweise seiner Fußstellung. Es empfiehlt sich, bestimmte Bereiche, die besonders wahrgenommen werden sollen, mit einem Farbtape zu markieren oder unterschiedliche Sockenfarben zu tragen (linker Fuß blau, rechter Fuß rot).

Ablauf

Spieler A und B schlagen Bälle durch die Mitte oder spielen Punkte. Dabei bekommt Spieler A die Aufgabe, genau zu beobachten, ob Spieler B seine Vorhand mit offener oder geschlossener Fußstellung schlägt und teilt dies dem Trainer nach jedem Schlag laut mit. Um seine Wahrnehmung auf die gewünschten Beobachtungspunkte zu richten, sind die farblichen Markierungen hilfreich. Nochmals sei an dieser Stelle daran erinnert, dass es ausschließlich darum geht, mehr Informationen aufzunehmen. Die Interpretation dieser Informationen aus taktischer Sicht, wäre ein nächster Trainingsinhalt.

Variationen

- Die Schulterdrehung des Gegners beobachten, ob der Oberkörper halb oder ganz eingedreht ist (eventuell Markierungen anbringen).
- Schlägerbeobachtung des Gegners, ob die Schlägerfläche geöffnet oder geschlossen ist.

- Observation, wie die Schulter zur Hüfte und zu den Füßen steht.
- Werden die Markierungen entfernt, ist es deutlich schwieriger, die Wahrnehmung auf die Beobachtungspunkte zu lenken.

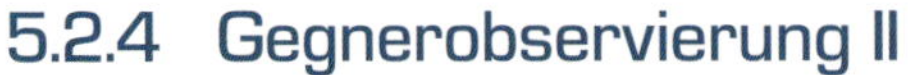

5.2.4 Gegnerobservierung II

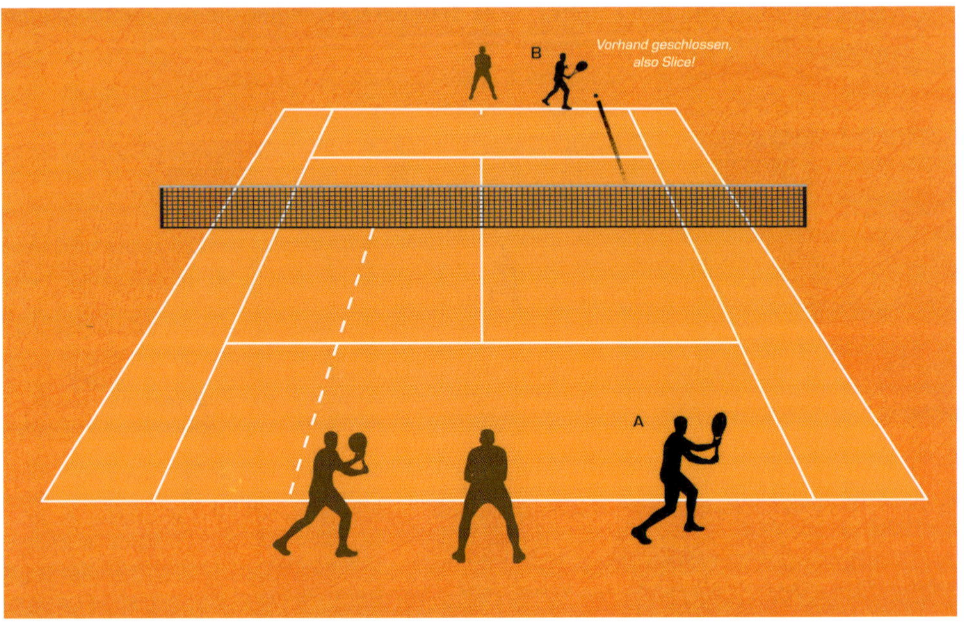

Organisation

Auch bei der *Gegnerobservierung II* geht es um die präzise Wahrnehmung bestimmter Körperregionen beim Spielpartner, beispielsweise seiner Fußstellung. Der Unterschied zur vorangegangenen Übung besteht darin, dass der Trainierende nicht mehr laut sagt, was er sieht, sondern durch das Beobachtete konkrete Spielaufgaben umsetzt.

Ablauf

Es werden Bälle durch die Mitte geschlagen und Spieler A deckt drei Viertel des Platzes mit seiner Vorhand ab. Wann immer Spieler A einen Schlag aus der geschlossenen Stellung spielt, soll B dies erkennen und einen Sliceball spielen (Vorhand und Rückhand!).

Variationen

- Spieler A spielt von der Grundlinie und Spieler B spielt Volleys am Netz. Nimmt B die geschlossene Beinstellung bei A wahr, sollte er einen Volleystop spielen. Eventuell den Punkt ausspielen lassen.
- Spieler A und B spielen von der Grundlinie lange Bälle durch die Mitte. A hat die Aufgabe, von Zeit zu Zeit seine Schlagfläche zu öffnen und einen Slice zu spielen (Vorhand und Rückhand). Aufgabe von B ist es, die offene Schlägerfläche zu erkennen, in den Platz hineinzugehen und den Slice von A als Flugball zu spielen.

5.2.5 Open Court

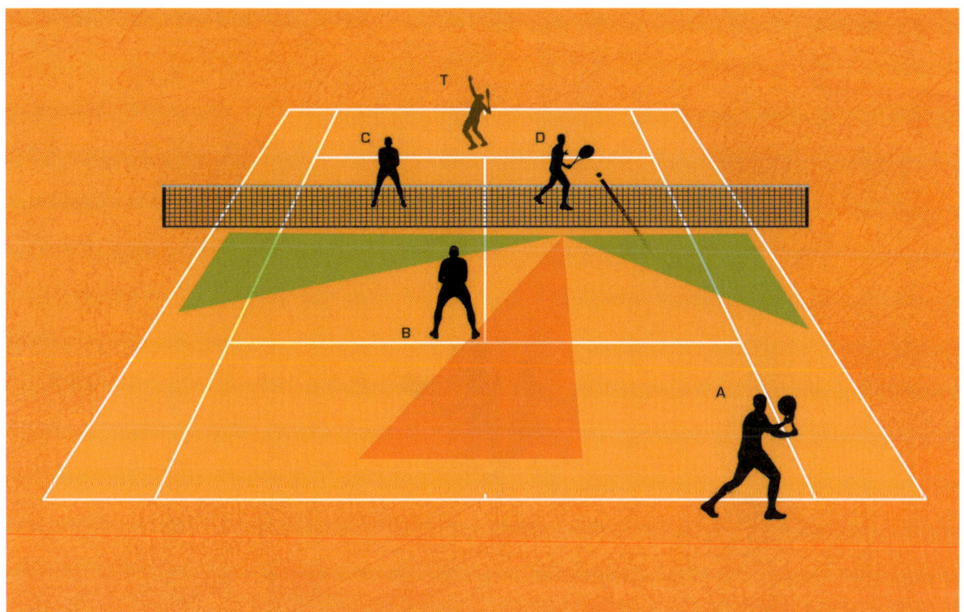

Organisation

A und B spielen auf einem Doppelfeld gegen C und D. Trainer T befindet sich auf der Seite von C und D, welche sich beide nahe am Netz für das Volleyspiel positionieren. Spieler A retourniert zunächst dreimal auf der Einstandseite und dann dreimal auf der Vorteilseite. B positioniert sich als vorderer Spieler knapp vor der Aufschlaglinie und darf seine Position zwischen den einzelnen Wiederholungen geringfügig variieren (eher rechts/links/mittig oder im Aufschlagfeld).

Ablauf

Wenn die Grundpositionen eingenommen sind, schlägt Trainer T von der T-Linie auf Spieler A auf. Dieser retourniert die ersten drei Aufschläge von der Einstandseite und die nächsten drei von der Vorteilseite. A kann frei entscheiden, wohin er retourniert, darf aber vorerst noch keine Lobs spielen. Spieler C und D, die sich bereits am Netz positioniert haben, versuchen, Volleys in die freien Räume zu spielen.

Variationen

- Lobs sind bereits beim Return erlaubt.
- Die Ballwechsel werden normal ausgespielt und jedes Team kann Punkte sammeln.

5.2.6 Keep it up

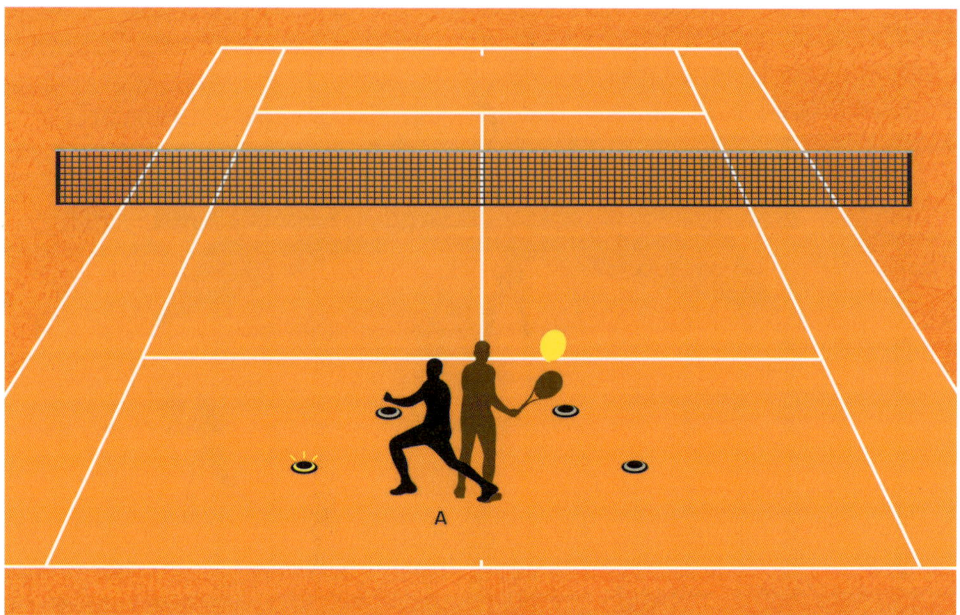

Organisation

Es werden vier Signallichter (eingestellte Farben sind frei wählbar), ein Tennisschläger und einige Luftballons benötigt. Die Signallichter liegen halbkreisförmig auf dem Boden vor dem Spieler. Der Abstand der Lichter sollte entsprechend dem Level des Spielers gewählt werden.

Ablauf

Der Spieler hält den Luftballon mit dem Schläger hoch und macht währenddessen die Signallichter mit der anderen Hand aus.

Sollten keine Signallichter zur Verfügung stehen, kann man diese Übung auch mit farbigen Hütchen rekonstruieren. Der Trainer gibt ein optisches Signal, indem er auf eine Farbe zeigt. Der Spieler muss im Anschluss das Hütchen mit der entsprechenden Farbe berühren und den Luftballon mit dem Schläger hochhalten.

Variationen

- Die Entfernungen der Signallichter *(Hütchen)* variieren.
- Erhöhung der Signallichter *(Hütchen)* durch das Anbringen an Stangen.
- Den Schläger in die andere Hand nehmen.
- Wird anstatt des Luftballons ein Tennis- oder Methodikball (rot, orange, grün) eingesetzt, wird die Übung stark erschwert.

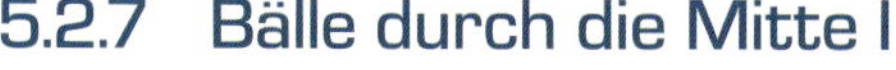

5.2.7 Bälle durch die Mitte I

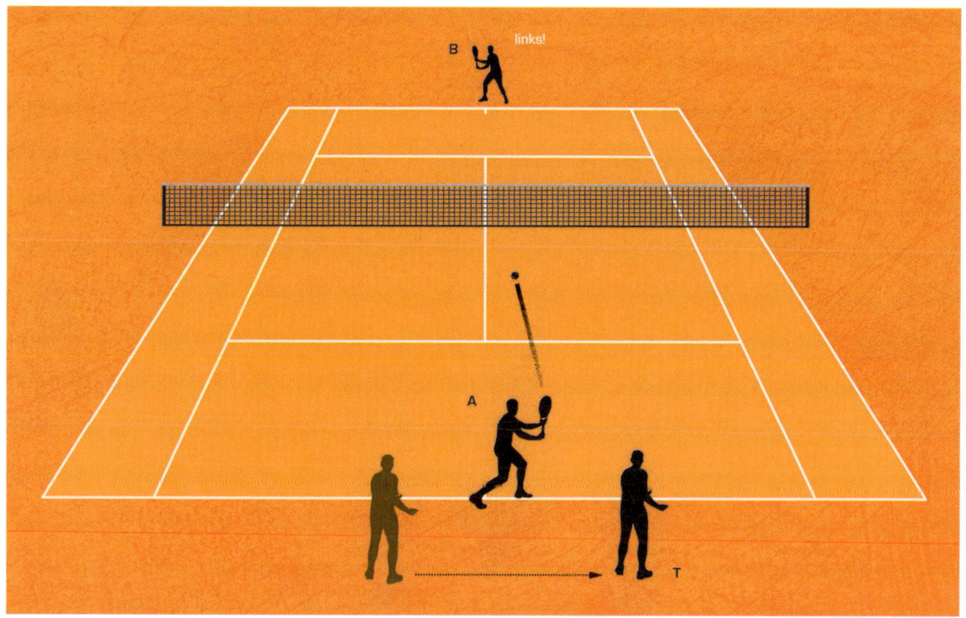

Organisation

Trainer T positioniert sich hinter Spieler A, während B die Position auf der gegenüberliegenden Grundlinie einnimmt.

Ablauf

Die Spieler schlagen Bälle durch die Mitte. Der Trainer bewegt sich, hinter A (stehend), entweder in die linke oder rechte Ecke. B muss dies erkennen und ansagen, in welche Richtung der Trainer geht.

Variationen

- Anstatt durch die Mitte wird ein Crossduell gespielt.
- Gespielt wird über die Mitte oder „cross". Der Trainer zeigt dabei die Schlagrichtung mit dem Schlägerkopf an (links oder rechts).
- Es wird abermals über die Mitte oder „cross" gespielt. Der Trainer zeigt mit dem Schlägerkopf zusätzlich zur Richtung auch die Flugkurve an (hoch, mittel oder flach), die der Trainierende B spielen soll.

5.2.8 Bälle durch die Mitte II

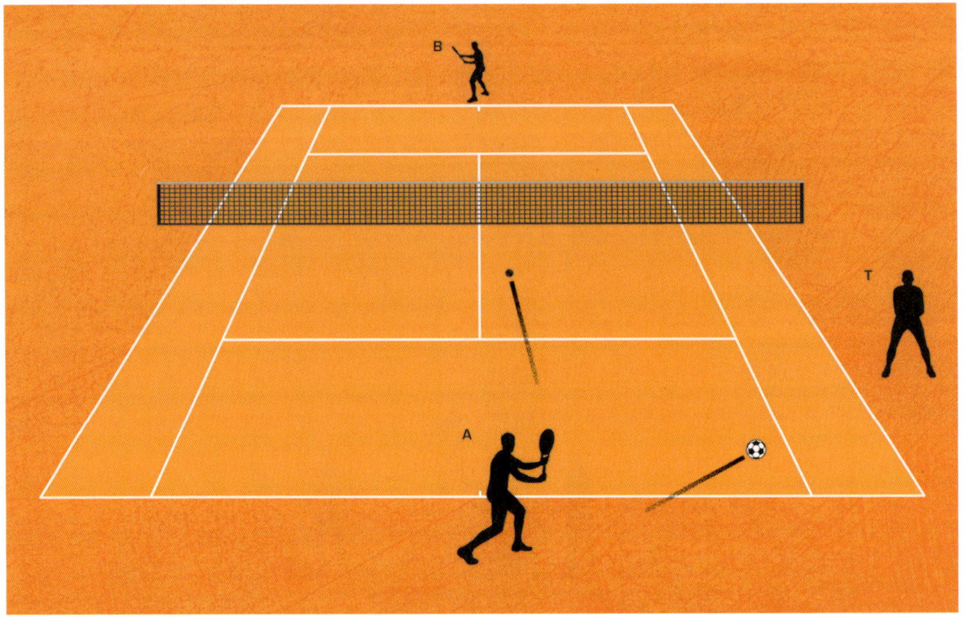

Organisation

Trainer T positioniert sich auf der Einstandseite leicht seitlich vor Spieler A außerhalb der Doppellinie und B nimmt die Position auf der anderen Seite des Platzes auf der Grundlinie ein.

Ablauf

Spieler A und B schlagen Bälle durch die Mitte. Trainer T passt A einen Ball mit dem Fuß zu, den dieser nach jedem Schlag zurückpasst.

Variationen

- Der Trainer wechselt in die Vorteilecke.
- Die Übung wird in einem Cross-duell gespielt.
- Der Rückpass muss abwechselnd mit dem linken und mit dem rechten Fuß gespielt werden.
- Der Rückpass erfolgt mit unterschiedlichen Techniken (Innen- oder Außenrist).
- Dem Spieler wird noch eine Zahl oder Farbe vorgegeben, die einem bestimmten Fuß oder einer bestimmten Technik zugeordnet ist.

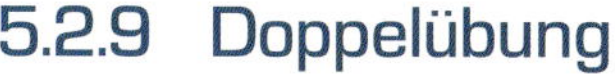

5.2.9 Doppelübung

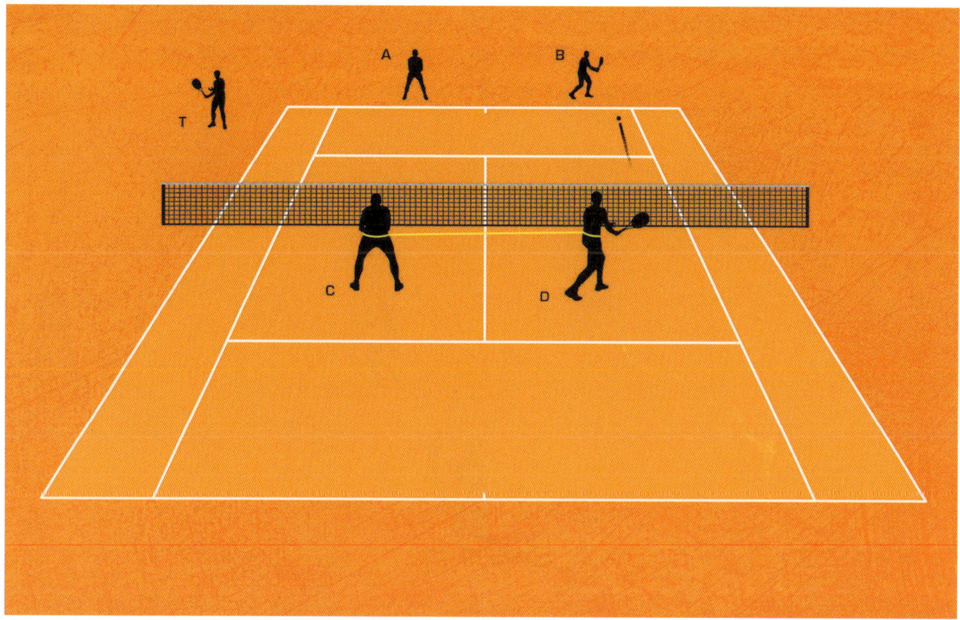

Organisation

Für diese Doppelübung werden ein dehnbares Seil und vier Spieler A, B, C und D benötigt. Trainer T positioniert sich auf der Seite des Paares A und B.

Ablauf

Es werden Doppelpunkte gespielt. Eine Paarung (C und D) startet am Netz, die andere (A und B) steht auf der Grundlinie. Das Paar am Netz ist durch ein dehnbares Seil miteinander verbunden und muss sich möglichst als Einheit bewegen. Der Trainer spielt den Ball auf die am Netz stehenden C und D an und der Punkt wird frei ausgespielt. Die einzige Einschränkung dabei ist, dass der erste Flugball nicht als Volleystop gespielt werden darf.

Variationen

- Dieselbe Übung wird ohne das Seil ausgeführt und die Netzpaarung agiert weiterhin als Einheit, wie durch ein imaginäres Seil verbunden.
- Auch die Spieler an der Grundlinie A und B werden durch ein Seil verbunden.
- Das Anspiel des Trainers erfolgt nicht mehr auf die Netzpaarung, sondern auf das Paar an der Grundlinie.

5.2.10 Lights off

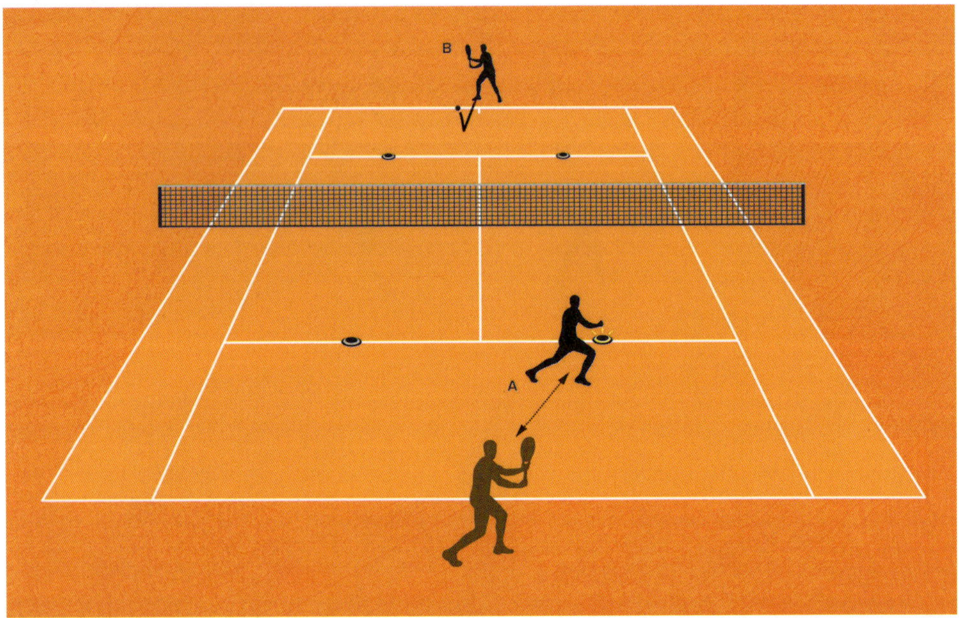

Organisation

Benötigt werden zwei Signallichter, die jeweils auf die T-Linie gelegt werden. Die einzustellenden Farben sind frei wählbar.

Ablauf

Die Spieler schlagen Bälle durch die Mitte. Wenn das Signallicht in der eigenen Feldhälfte aufleuchtet, muss der Spieler den Ball als Lob spielen, zum Signallicht sprinten, es durch Berühren „auslöschen" und, so schnell es geht, zur Grundlinie zurückkehren.

Variationen

- Das Signallicht wird am Netz platziert, um die Laufstrecke zu verlängern. Der nächste Schlag wird dann am Netz ausgeführt.
- Das Signallicht liegt circa einen Meter im Feld vor der Grundlinie. Sobald es aufleuchtet, sollte normal weitergespielt werden und der Spieler muss so schnell wie möglich eine Fitnessübung freier Wahl, beispielsweise einen Liegestütz, machen und das Licht auswischen.

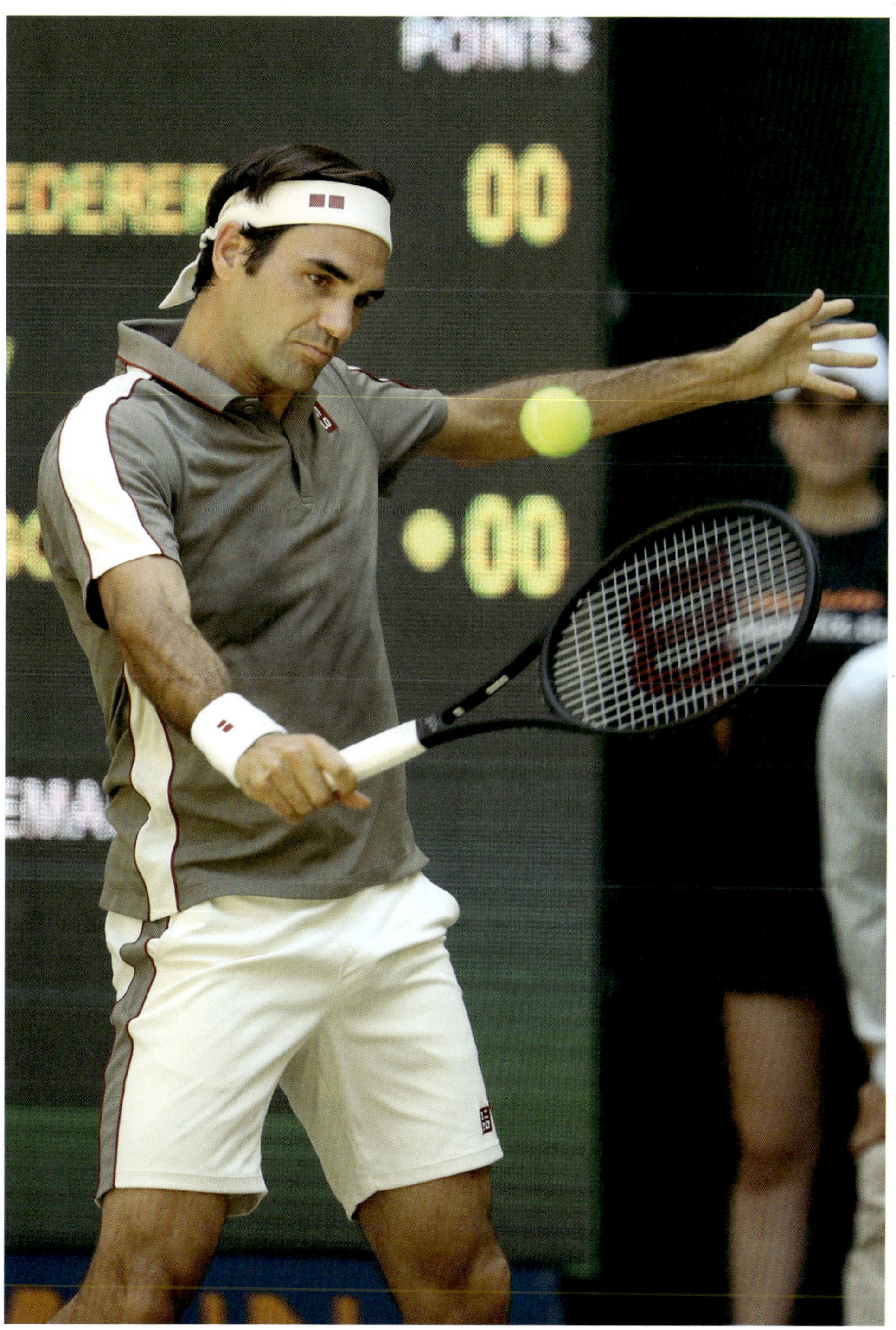
POINTS
00
00

5.3 Spielformen zur Aufmerksamkeit

5.3.1 Be aware

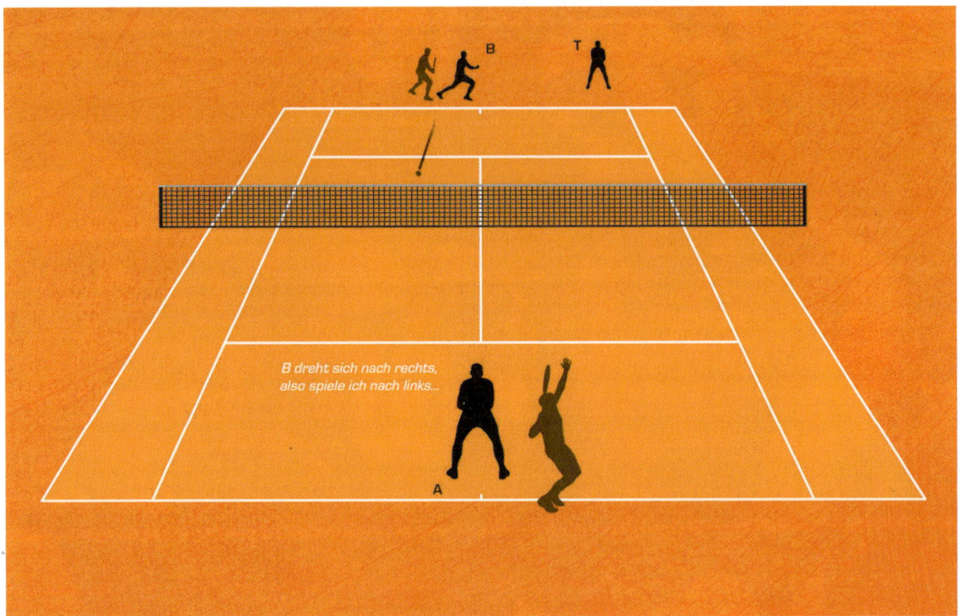

Organisation

Spieler A und B positionieren sich im Einzelfeld. Spieler A ist der Aufschläger. Trainer T befindet sich auf der Seite des Returnspielers B. Es werden ausreichend Bälle zum Anspielen benötigt.

Ablauf

Spieler A schlägt auf und der Trainer oder der Returnspieler B gibt mit der Hand oder dem Körper bestimmte Signale, die A schnell erkennen und interpretieren muss. Mit den einzelnen Signalen werden Spielaufgaben verknüpft.

Dreht B seinen Oberkörper beispielsweise nach rechts zur Einstandseite, muss A dies erkennen und den Ball in die Vorteilecke schlagen.

Weitere Beispiele:

- Ballt B oder T die Faust, bedeutet dies für A den Ball cross zu spielen.
- Öffnet B oder T die Hand, muss A longline spielen.

- Die rechte Hand seitlich heben von B oder T = Slice mit Rückhand und Vorhand für A. Sollte B oder T den rechten Arm seitlich heben, sollte A den Ball mit Slice spielen.

Die Aufmerksamkeit des Aufschlägers soll so schnell wie möglich auf das Geschehen in der Spielhälfte des Rückschlägers gelenkt werden.

Variationen

- Das Signal kommt nur vom Trainer, indem er akustische oder optische Zahlencodes (beispielsweise durch Hochhalten einer Tafel) vorgibt.
- Der Trainer gibt das Signal möglichst spät, was die Übung erschwert und A höchstwahrscheinlich zu vielen Schlagfehlern zwingen wird. Der Spieler sollte unbedingt darauf hingewiesen werden, dass das Trainingsziel erfüllt ist, wenn er seine Aufmerksamkeit erfolgreich auf die Aufgabe lenkt. Die Schlagqualität steht nicht im Vordergrund und ist auch nicht Trainingsinhalt.
- Der Trainer platziert sich an verschiedenen Stellen (hinter dem Returnspieler, auf einer potenziellen Position eines Doppelpartners etc.) auf dem Platz.

5.3.2 Step, Step – Split-Step

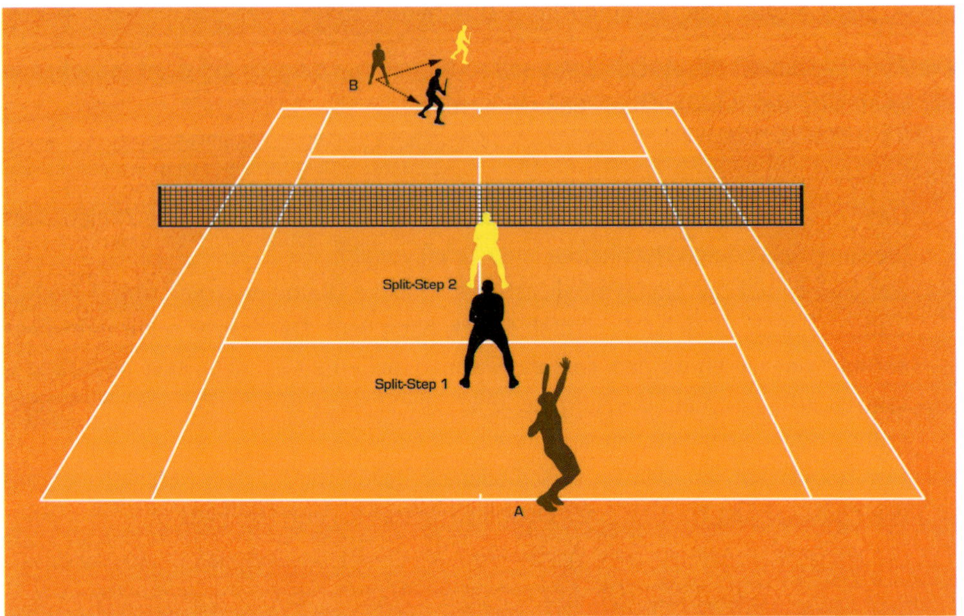

Organisation

Gespielt wird entweder Einzel oder Doppel mit Aufschlag. Der Aufschläger hat die Aufgabe, den Ballwechsel mit unterschiedlichsten Varianten zu eröffnen, beispielsweise durch harte Aufschläge in die Mitte, Aufschlag-Volley, Kickaufschläge auf die Rückhand etc. Der Rückschläger hat die Aufgabe, seine Returnposition stark zu variieren, mal im Feld, mal auf der Linie, mal ganz weit hinten. Die Punkte werden ausgespielt.

Ablauf

Der Trainingsinhalt wird anhand des „Serve and Volley"-Spiels beschrieben: Ziel ist es, in eine optimale Platzposition zu kommen und den „Split-Step" so gut wie möglich zu timen. Der Aufschläger muss hierzu seine Aufmerksamkeit auf mehrere Faktoren gleichzeitig lenken (Returnposition des Gegners, Schlagart, wie Block, Chip oder voller Schwung des Rückschlägers, Aufschlaggeschwindigkeit etc.).

Je nachdem, was die Interpretation dieser Faktoren ergibt, sollte der Aufschläger seinen „Split-Step" früher, noch vor der T-Linie machen oder erst im Aufschlagfeld.

Der Rückschläger hat die Aufgabe, seine Returnposition und Schlaghärte stark zu variieren, mal im Feld, mal auf der Linie, mal ganz weit hinten, mal Chip oder Slice, um den

Aufschläger immer wieder aufs Neue zu fordern, das optimale Timing für seinen „Split-Step" zu finden. Die Punkte werden zu Ende gespielt.

Variationen

- Aufschlag und erster Ball – der Aufschläger bleibt an der Grundlinie und versucht, die optimale Platzposition nach dem Aufschlag zu finden, indem er seine Aufmerksamkeit auf möglichst viele Faktoren gleichzeitig lenkt (selektive Aufmerksamkeit) und so seine Entscheidung trifft, wie er den ersten Ball schlagen wird.
- Der Rückschläger variiert seine Position erst, nachdem der Aufschläger seinen Ball nach oben geworfen hat.

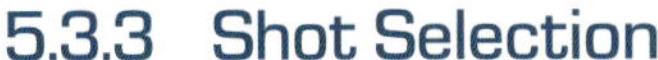

5.3.3 Shot Selection

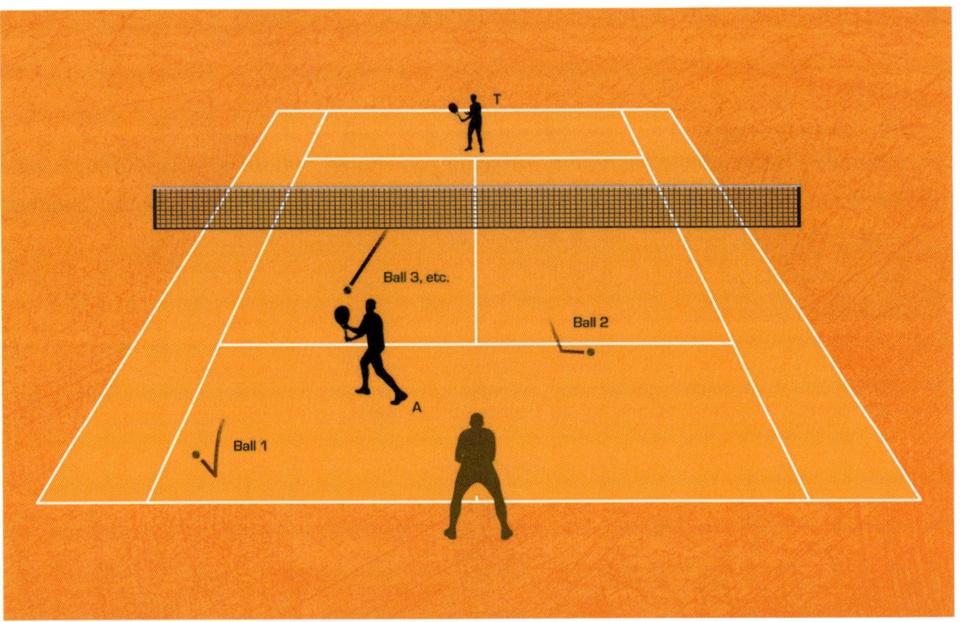

Organisation

Trainer T positioniert sich mit seinem Ballkorb knapp hinter der T-Linie. Spieler A steht an der Grundlinie.

Ablauf

Der Trainer spielt die Bälle aus dem Korb an und versucht dabei, so viel Variation wie möglich in sein Anspiel zu bringen (hart, flach, kurz, lang, hoch, viel Topspin, Slice etc.). Der Spieler hat die Aufgabe, die für ihn sinnvollste Technik zu wählen, um die Bälle zurückzuspielen. Dabei sollte er seine Aufmerksamkeit einerseits auf den Ball und die Spielsituation lenken, andererseits sollte der Spieler aber auch sein technisches Repertoire und seine Körperposition berücksichtigen, um zur individuellen Ideallösung zu kommen (selektive Aufmerksamkeit).

Die Kommunikation zwischen Trainer und Spieler ist bei dieser Trainingsform besonders wichtig, da es im Bereich der „Shot Selection" oft mehrere ideale Lösungen geben kann.

Variationen

- Die Spielsituationen werden durch unterschiedliches Anspielen des Balls „künstlich" erzeugt. Der Punkt wird jeweils zu Ende gespielt. Je kreativer Trainer und Spieler dabei sind, desto spannendere Situationen können geschaffen werden.

- Es werden Punkte gespielt, wobei der Trainer mit seinem Anspiel künstlich Spielsituationen erzeugt indem er den Ball bespielsweise als Lob oder Stopp anspielt.
- Ein Spieler steht auf der T-Linie, während der andere anspielt.
- Ein Spieler positioniert sich mit dem Rücken zum Feld und darf sich erst auf Zuruf umdrehen.

5.3.4 Get Together

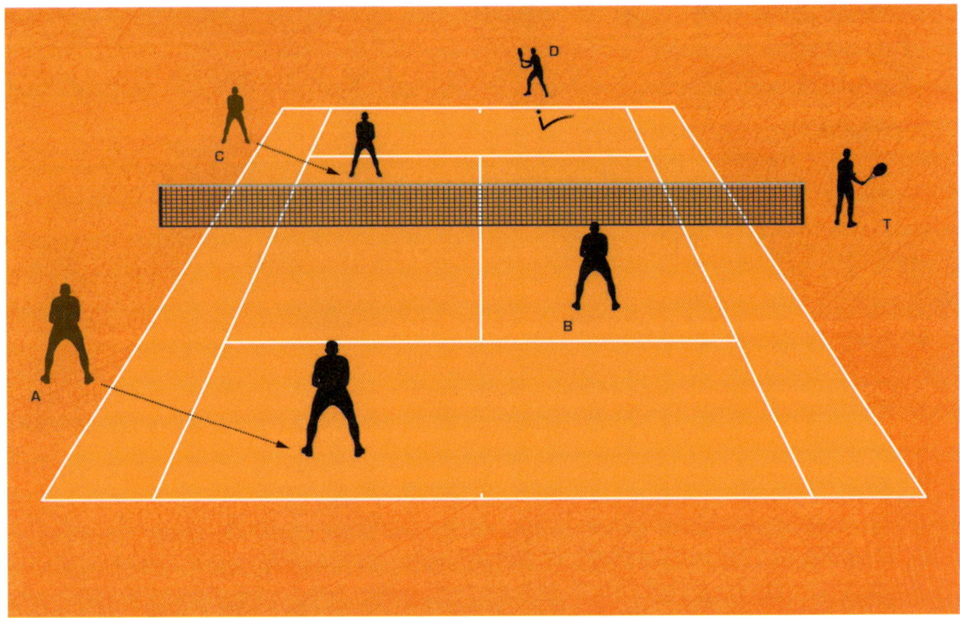

Organisation

Die Übung wird als Doppel gespielt. Trainer T spielt die Bälle an.

Ablauf

Jede Paarung nimmt ihre Position ein, wobei sich bei jedem Team ein Spieler außerhalb des Doppelfeldes befinden muss, bevor der Trainer den Ball anspielt. Nach dem Anspiel sollten die künstlich „zerrissenen Paare" schnellstmöglich wieder in eine gute Doppelformation und Platzposition kommen.

Variation

Alle vier Spieler positionieren sich am Netz, wobei ein Spieler pro Paarung wiederum außerhalb des Doppelfeldes stehen muss. Der Trainer spielt den Ball weich und flach an.

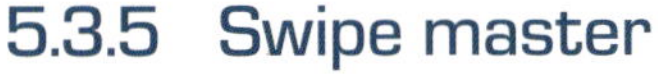

5.3.5 Swipe master

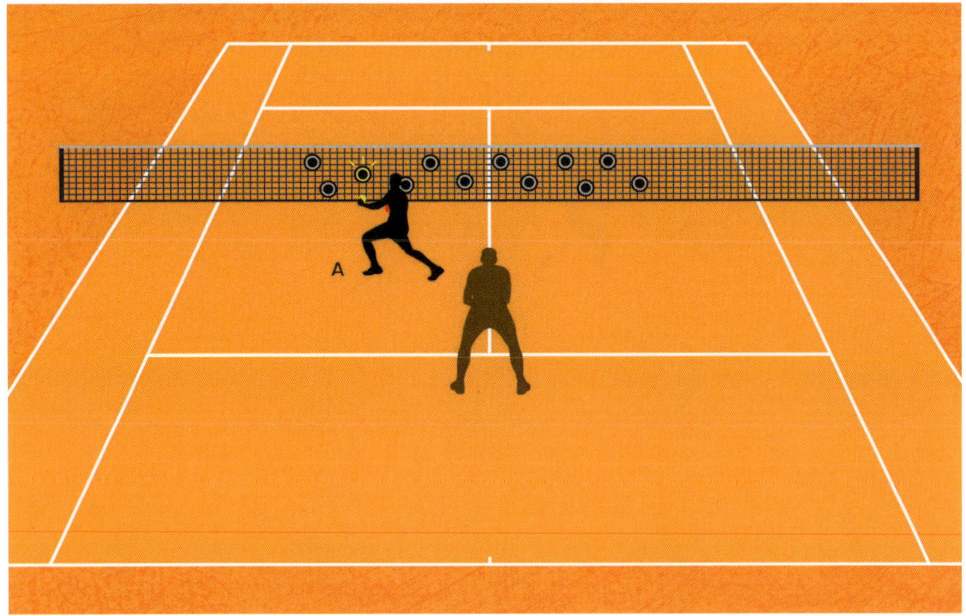

Organisation

Es werden 12 Signallichter (eingestellte Farben: Rot und Gelb) und zwei Tennisbälle (ein roter Kleinfeldball und ein gelber Ball) benötigt. Die Signallichter werden am Netz befestigt. Der Spieler hält beide Bälle in der Hand.

Ablauf

Die Signallichter leuchten in willkürlicher Reihenfolge und Farbe auf. Der Spieler hat die Aufgabe, das Signallicht mit dem Ball in der gleichen Farbe, so schnell es geht, durch Darüberhinwegwischen zu löschen.

Variationen

- Den Signallichtfarben werden andere Ballfarben zugeordnet. Beispielsweise bedeutet rotes Licht den gelben Ball zu verwenden und gelbes Licht den roten Ball zum löschen des Lichtes zu verwenden.
- Die Höhe der Befestigung der Signallichter kann variiert werden.
- Der Trainer spielt von Zeit zu Zeit Bälle zusätzlich zu den Signallichtern auf A. In diesem Fall hat immer der Tennisball Priorität und sollte von A zurückgespielt werden.

5.3.6 Matching Colours

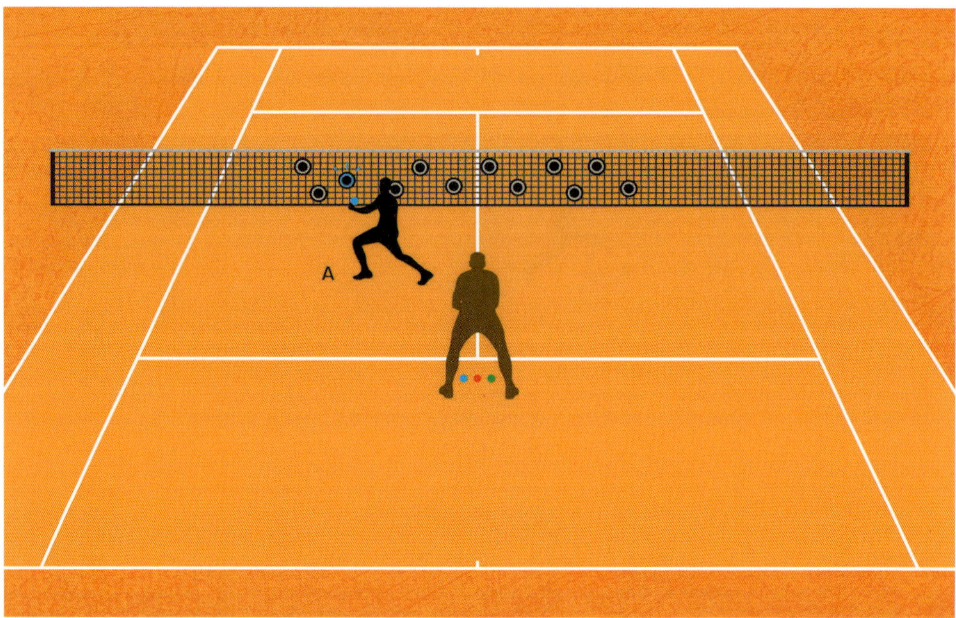

Organisation

Es werden 9 Signallichter (die eingestellte Farben sind Grün, Rot und Blau) und drei Tennisbälle (einmal in Grün, einmal in Rot, einmal in Blau) benötigt. Die Signallichter werden am Netz befestigt. Der Spieler steht mit ungefähr 2 m Abstand vor den Lampen.

Ablauf

Die Signallichter leuchten in willkürlicher Reihenfolge und Farbe auf. Der Spieler soll das Signallicht mit dem Ball in der gleichen Farbe „auswischen".

Variationen

- Den Signallichtfarben werden andere Ballfarben zugeordnet. Beispielsweise bedeutet rotes Licht den blauen Ball, blaues Licht den grünen Ball und grünes Licht den roten Ball zu verwenden.
- Der Abstand zur Wand oder zu den Stangen kann vergrößert werden.
- Die Höhe der Befestigung der Signallichter kann variiert werden.
- Der Trainer spielt von Zeit zu Zeit Bälle zusätzlich zu den Signallichtern auf A. In diesem Fall hat immer der Tennisball Priorität und sollte von A zurückgespielt werden.

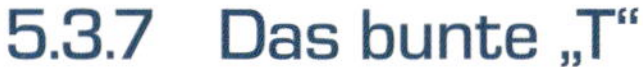

5.3.7 Das bunte „T“

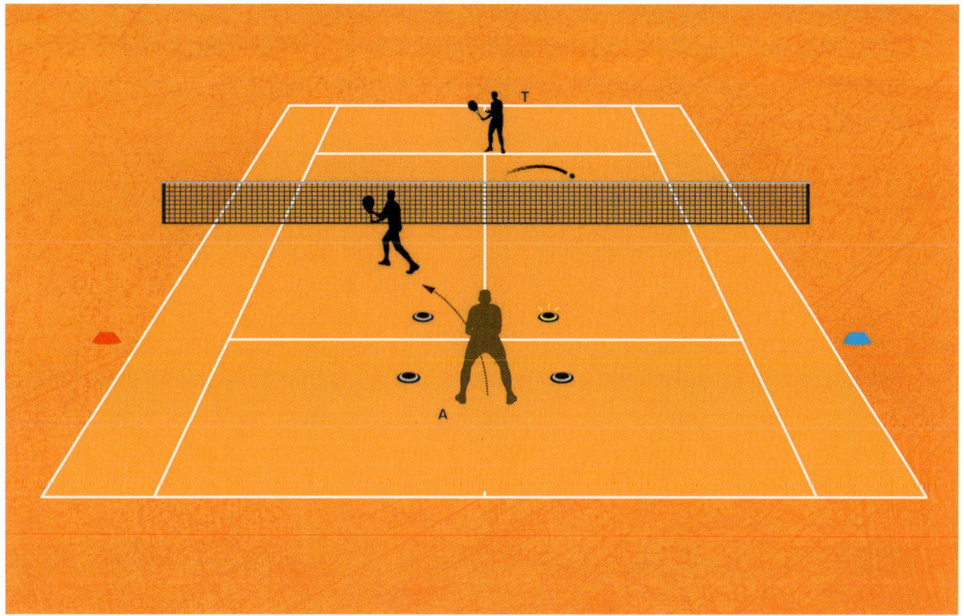

Organisation

Es werden vier Signallichter (die eingestellten Farben sind Grün, Rot, Blau und Gelb), Tennisbälle, ein Tennisschläger und zwei farbige Hütchen (einmal in Blau, einmal in Rot) benötigt. Die Signallichter liegen als Quadrat sehr nah aneinander auf dem Boden. Spieler A steht direkt davor. Die beiden Hütchen stehen circa einen Meter außerhalb der Doppellinie auf Höhe der T-Linie. Die beiden Hütchen stehen rechts und links circa 5 m von den Signallichtern entfernt. Der Trainer steht auf der anderen Seite des Feldes an der T-Linie.

Ablauf

Die Signallichter leuchten per Zufall in Grün, Rot, Blau und Gelb, wobei jede Farbe mit einer Aufgabe für A verbunden ist. Leuchtet das Signallicht in Grün, muss der Spieler es auswischen. Leuchtet das Signallicht in Rot, läuft er zum roten Hütchen. Leuchtet das Signallicht in Blau, läuft er zum blauen Hütchen. Bei Gelb sprintet der Spieler nach vorne, bekommt vom Trainer einen Ball ins T-Feld gespielt und muss diesen gefühlvoll, eventuell als Stop, zurückspielen.

Variationen

- Die Farben können neu zugeordnet werden, zum Beispiel: Rot bedeutet blaues Hütchen, blaues Licht bedeutet rotes Hütchen usw.

- Das „Spiel-Quadrat“ kann vergrößert bzw. verkleinert werden.
- Die seitlichen Hütchen sind mit Side-Steps anzulaufen.
- Der Trainer spielt auch die Hütchen an, der Ball soll in so einem Fall „longline“ zurückgespielt werden, ehe der Spieler so schnell wie möglich zurück zur Ausgangsposition sprintet.

5.3.8 One out of four

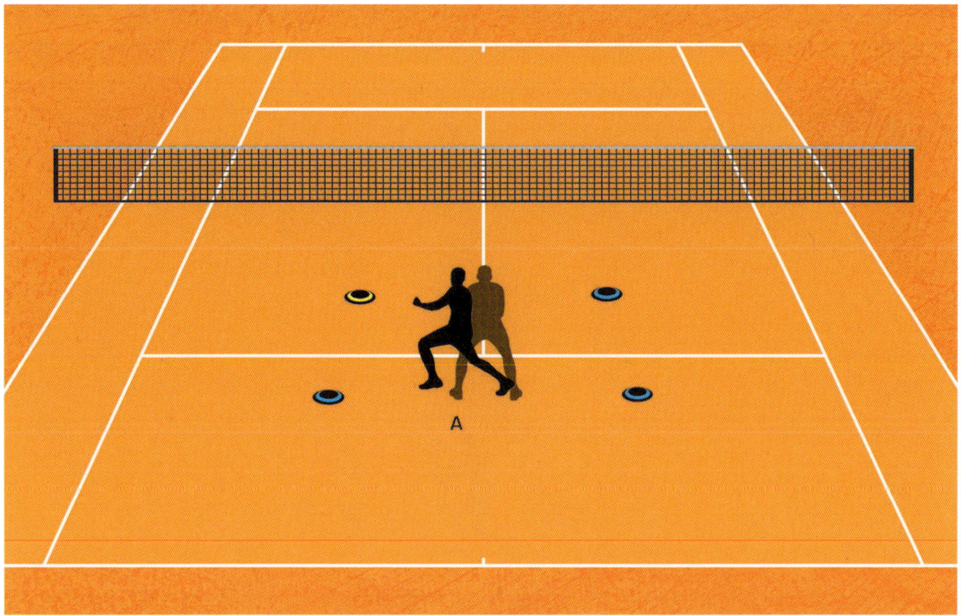

Organisation

Es werden vier Signallichter benötigt (Die eingestellten Farben sind dreimal in der gleichen Farbe, einmal in einer anderen Farbe, die nach dem Zufallsprinzip aufleuchten). Die Lichter (alternativ Hütchen) werden in einem Viereck angeordnet. Der Abstand sollte an das jeweilige Level des Spielers angepasst werden. Stangen als Erhöhung sind hilfreich für die Variation der Übung. Spieler A befindet sich zwischen den Signallichtern.

Ablauf

Drei Signallichter gehen in der gleichen Farbe an, das vierte Licht kann in einer anderen Farbe leuchten. Der Spieler wischt das in der jeweils einzeln aufleuchtenden Farbe (gelb). Leuchten alle vier in derselben Farbe, macht A nichts.

Variationen

- Das Intervall verkürzen oder verlängern, in dem die Lichter leuchten.
- Die Anzahl der Signallichter erhöhen.
- Der Spieler soll eine zusätzliche Bewegungsaufgabe ausführen, beispielsweise einen Tennisball hochhalten oder einen Basketball prellen.

5.3.9 See the light

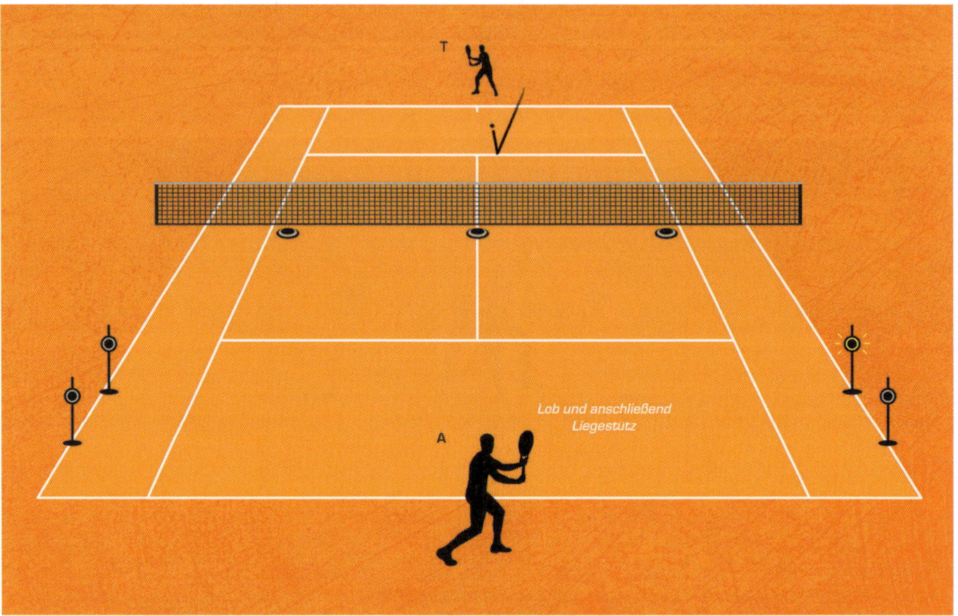

Organisation

Es werden sieben Signallichter und ausreichend Tennisbälle benötigt. Die eingestellte Farbe der Signallichter ist frei wählbar, muss aber für alle sieben gleich sein. Vier Signallichter werden an Stangen befestigt. Zwei werden links vom Spieler und zwei werden rechts vom Spieler auf der Doppellinie aufgestellt. Drei weitere Signallichter werden vor dem Netz auf den Boden gelegt (vordere äußere Ecken der Aufschlagfelder und Mitte). Der Spieler steht mit einem Schläger und Ball auf der Grundlinie.

Ablauf

Spieler A und Trainer T schlagen Bälle im mittleren Tempo durch die Mitte. Wenn ein Signallicht angeht, das vorne am Netz platziert wurde, spielt A den Ball normal zum Trainer oder Spielpartner zurück.

Sollte jedoch ein Signallicht links oder rechts von ihm aufleuchten, muss A einen Lob zu seinem Spielpartner zurückspielen und währenddessen eine Fitnessübung, beispielsweise einen Liegestütz, machen. Die Zeit reicht dafür in der Regel problemlos aus.

Variationen

- Variation der Fitnessübung: Kniebeuge, Hockstrecksprung etc.

- Aufgabenvariation: Leuchtet eines der vorderen Signallichter auf, muss A den Ball in eine bestimmte Richtung spielen. Leuchtet zum Beispiel das vordere linke Licht, muss der Ball „cross" gespielt werden, leuchtet das mittlere vordere Signallicht, soll der Schlag „longline" gespielt werden etc.

5.3.10 T-Line-Tiger

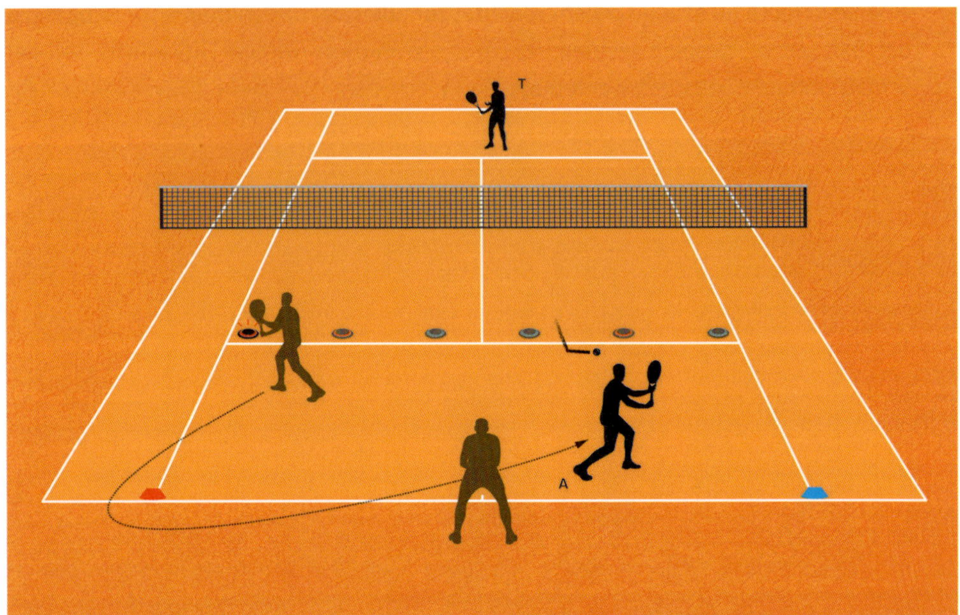

Organisation

Es werden 4-6 Signallichter, in rot und blau, viele Bälle und zwei Hütchen, eines in blau und rot, benötigt. Die Signallichter werden auf Höhe der T-Linie in einer Reihe platziert, das rote Hütchen rechts auf der Grundlinie, das blaue Hütchen links auf der Grundlinie des Spielers. Der Trainer T positioniert sich auf der anderen Feldhälfte.

Ablauf

Spieler A nimmt eine Position knapp hinter der Grundlinie ein und wartet, bis eines der Signallichter an der T-Linie angeht, die in zufälliger Reihenfolge entweder in Rot oder in Blau leuchten. Der Spieler wischt die Lichter einzeln aus, indem er mit dem Schläger darüberfährt. Dabei sollte er sich an der T-Linie primär mit Side-Steps bewegen. Nachdem der Spieler das letzte Licht ausgewischt hat, muss er das Hütchen mit der Farbe umrunden, mit der das letzte Signallicht geleuchtet hat (in der Abbildung war es ein rotes Licht). Anschließend spielt Trainer A einen Ball in den Lauf, den dieser mit einer situativ idealen Lösung zurückspielen soll.

Variationen

- Wenn das letzte Licht leuchtet, wischt der Spieler es aus und läuft zum Hütchen mit der Farbe, die das letzte Signallicht nicht angezeigt hat.

- Die Farben können ebenfalls neu zugeordnet werden.
- Es werden vier Farben bei den Signallichtern eingestellt. Jede Farbe wird mit zwei Aufgaben verbunden. Die erste Aufgabe ist das jeweils richtige Hütchen zu umrunden. Die zweite Aufgabe bezieht sich auf die Richtung, in die der Ball gespielt werden soll.

Beispiel:

Rotes Licht bedeutet das rote Hütchen zu umrunden und den Ball „longline" zu spielen. Leuchtet das blaue Licht, muss das blaue Hütchen umrundet werden und der Schlag „longline" ausgeführt werden.

Leuchtet das gelbe Licht bedeutet „dies das rote Hütchen zu umrunden und den Ball cross zu schlagen".

Das grüne Licht bedeutet, um das rote Hütchen zu laufen und den Ball cross zu spielen.

5.3.11 Die Ampel

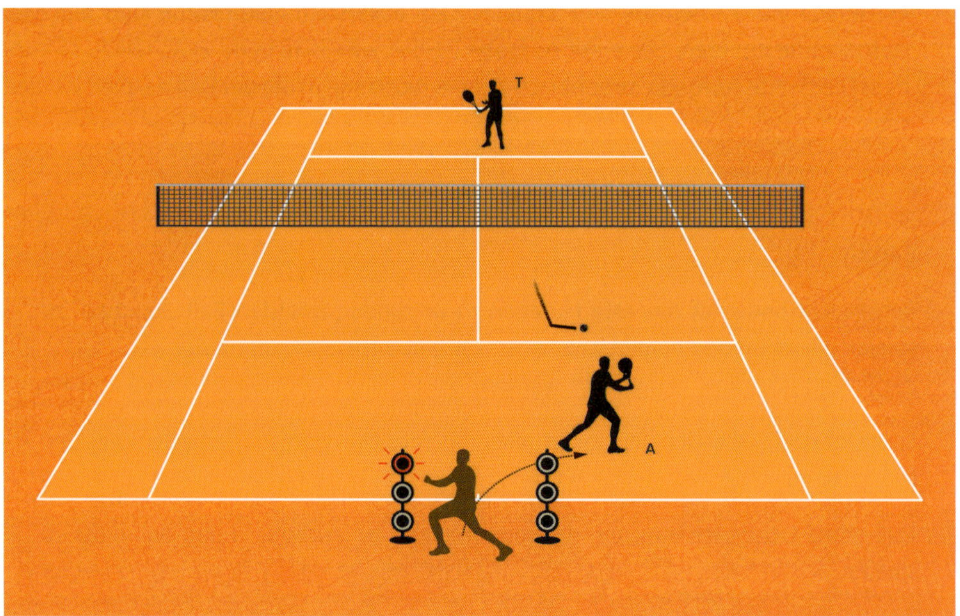

Organisation

Es werden sechs Signallichter (die eingestellten Farben sind frei wählbar), ausreichend Bälle, Schläger und zwei Stangen benötigt. An jeder Stange werden drei Signallichter befestigt (oben, Mitte, unten) und ungefähr 4 m hinter der Grundlinie platziert. Der Abstand zwischen den Stangen sollte ungefähr 1 m betragen. Der Spieler befindet sich ungefähr eine Schlägerlänge hinter den Stangen mit den Signallichtern.

Ablauf

Spieler A wischt das aufleuchtende Signallicht aus, sprintet in Richtung Grundlinie, bekommt währenddessen einen Ball leicht seitlich versetzt vom Trainer zugespielt und schlägt ihn zurück ins gegnerische Feld.

Variationen

- Die Position der Signallichter bestimmt die Schlagart (zum Beispiel bedeutet links oben Rückhandslice, rechts unten bedeutet Vorhand kurz „cross" etc.). Es gibt sechs Varianten und daher können bis zu sechs Schlagtechniken vorgegeben werden.
- Die Position der Signallichter bestimmt das Ziel, wohin der Ball geschlagen werden soll (z. B. kurz hinters Netz, auf die T-Linie, lang zur Grundlinie).

- Die Position der Signallichter bestimmt sowohl die Schlagart als auch das Ziel, wohin der Ball geschlagen werden soll (z. B. mit Rückhandslice kurz hinters Netz, mit Vorhandtopspin auf die T-Linie, mit Vorhand-Topspin-Lob lang zur Grundlinie).

5.3.12 Z-Ball

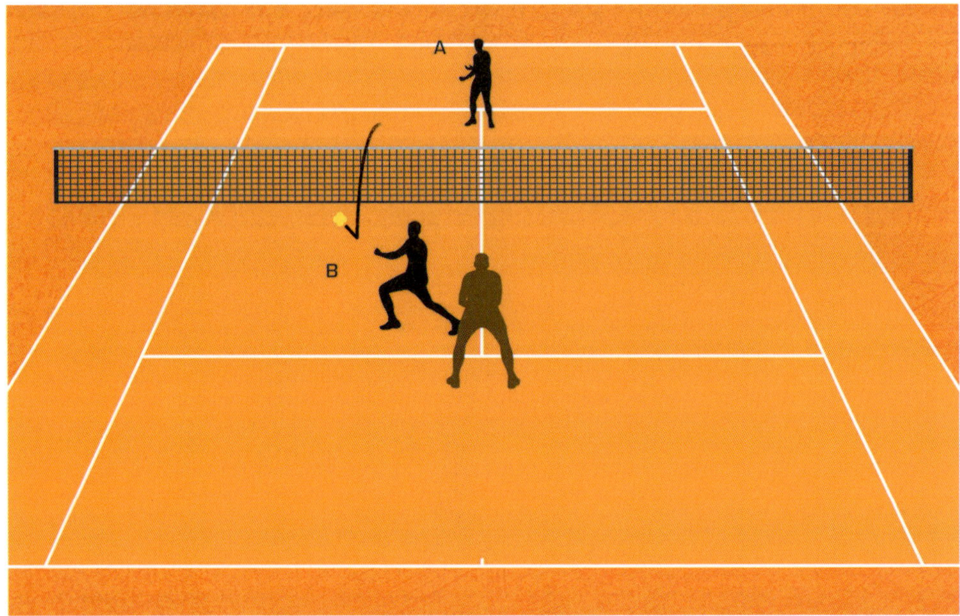

Organisation

Benötigt wird ein Z-Ball. Dieser wird oft auch als *Reaktionsball* bezeichnet. Spieler A und B stehen sich im Kleinfeld gegenüber.

Ablauf

Spieler A darf den Z-Ball von unten nach oben zu B ins Kleinfeld werfen. Dieser muss den Absprung des Reaktionsballs antizipieren, fangen und von dort zurückwerfen, wo er ihn zu fassen bekommen hat.

Variationen

- Man sagt dem Spieler, ob der Ball lang und schnell oder kurz geworfen wird.
- Nach dem Aufspringen des Z-Balls muss einmal geklatscht werden, ehe der Ball gefangen wird.
- Es darf nur mit einer Hand gefangen werden.
- Es darf nur mit der rechten oder linken Hand gefangen werden.

5.3.13 Numbers

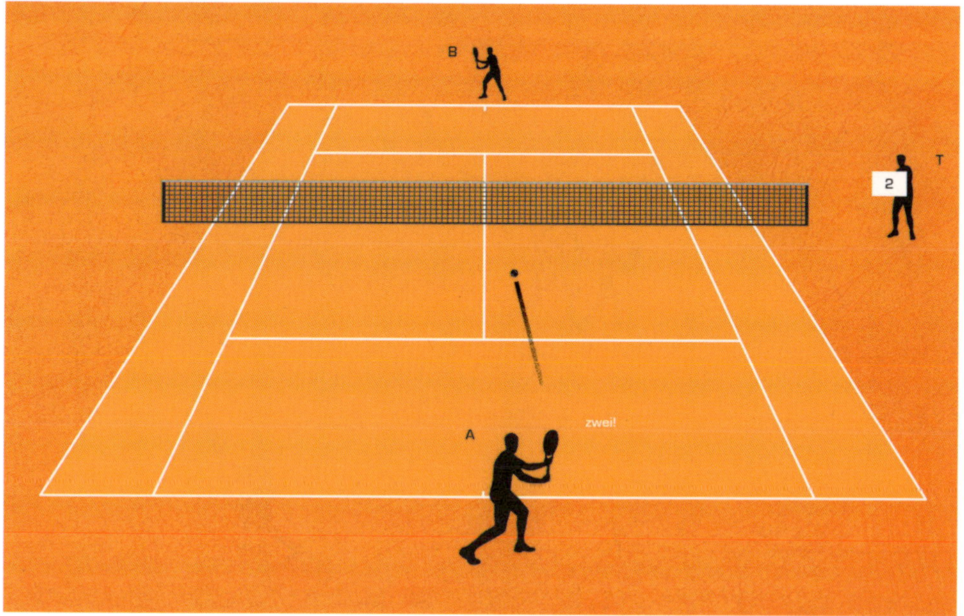

Organisation

Die Spieler A und B nehmen ihre Position beide an der Grundlinie ein. Trainer T benötigt Tafeln oder Blätter, auf denen Nummern abgebildet sind.

Ablauf

Spieler A spielt mit Spieler B durch die Mitte. Nach jedem Schlag muss Spieler A zum Trainer schauen, der ihm eine Tafel mit einer Nummer hochhält. Der Spieler muss daraufhin die Nummer laut sagen.

Variationen

- Es werden mehrere Tafeln von mehreren Personen gleichzeitig hochgehalten, die der Spieler alle wahrnehmen sollte.
- Es werden Punkte gespielt und während des Ballwechsels ist es dem Trainer erlaubt, plötzlich eine Tafel mit einer Nummer hochzuhalten.
- Die Nummerntafeln werden mit konkreten Spielaufgaben verknüpft, beispielsweise bedeutet die Zahl 7, dass der Spieler mit den nächsten zwei Schlägen den Punkt beenden muss, einen Stop spielen muss etc.

5.3.14 Double In

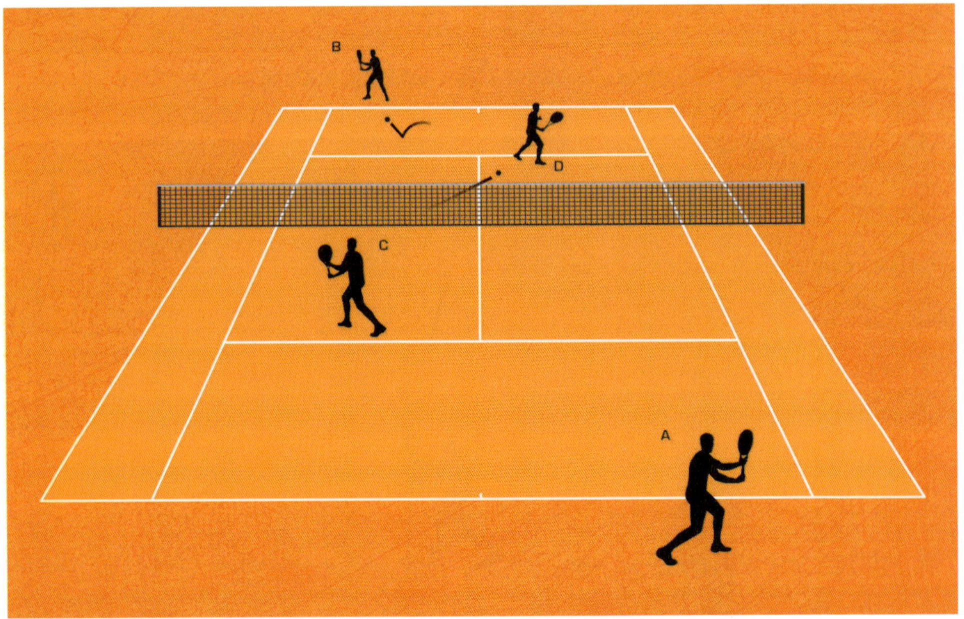

Organisation

Die Spieler A und B positionieren sich diagonal im Einstandfeld, während sich C und D diagonal am Netz gegenüberstehen.

Ablauf

A und B spielen gegeneinander „Crosspunkte" an der Grundlinie, während C und D sich am Netz gegenüberstehen und „Volleypunkte" spielen. Sobald einer der beiden Ballwechsel beendet ist, wird der Punkt, der noch nicht beendet ist, über das ganze Feld und von allen Spielern gemeinsam zu Ende gespielt.

Variation

Die parallel stattfindenden Ballwechsel werden, anstatt „crosscourt", „longline" ausgespielt. Sobald einer der beiden Ballwechsel beendet ist, wird der Punkt, der noch nicht beendet ist, über das ganze Feld und von allen Spielern zu Ende gespielt.

5.4 Spielformen zur Spielintelligenz

5.4.1 Cross – longline

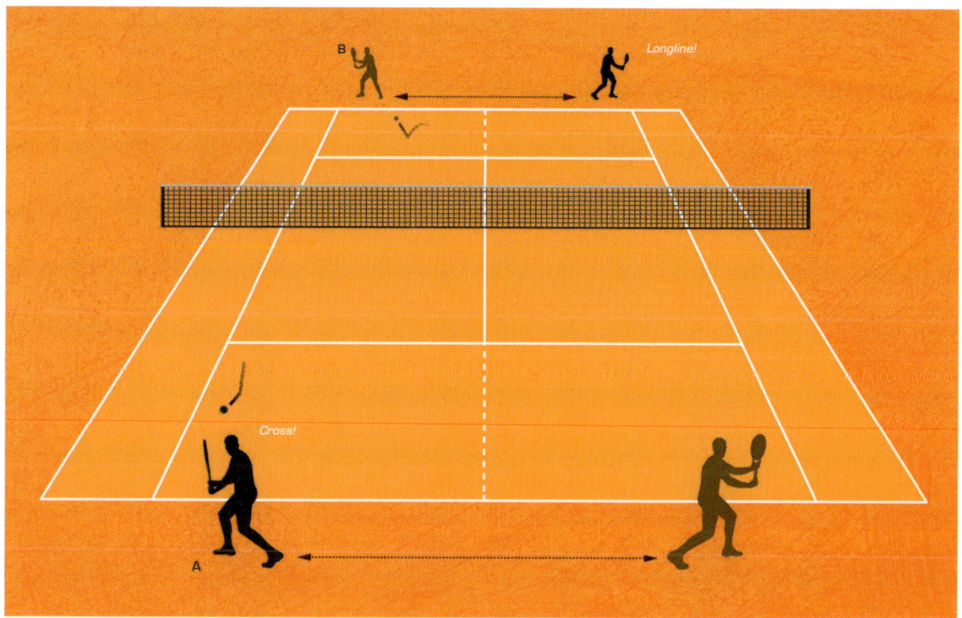

Organisation

Für diese Übung werden mindestens zwei Spielpartner (A und B) benötigt. Wird die Übung zu dritt oder viert gespielt, wechselt man einfach nach jeweils zwei gespielten Punkten durch. Das Feld wird in der Mitte geteilt. Zudem werden ausreichend Bälle benötigt.

Ablauf

Gespielt wird jeweils bis 10 Punkte, wobei Spieler A ausschließlich „cross" und Spieler B immer nur „longline" spielen darf. Gelingt es einem der Spieler, einen „Winner" zu erzielen, bekommt er hierfür drei Punkte. Sollte ein Spieler einen Stop einstreuen oder ans Netz kommen, bleiben die Regeln, nur „cross" und „longline" zu spielen, in der Basisübung erst mal bestehen.

Das Wissen, wohin der nächste Ball gespielt wird, macht es sehr schwer, direkte Punkte zu erzielen und es bedarf dafür besonders kreativer und intelligenter Spielzüge, um den Punkt zu gewinnen. Die Schlagsicherheit wird durch diese Übung auch verbessert.

Variationen

- Der Ballwechsel wird mit Aufschlag und Return eröffnet, wobei der Rückschläger „cross" und der Aufschläger „longline" spielen muss. Es empfiehlt sich, eventuell nur zweite Aufschläge zuzulassen, damit man leichter in den Ballwechsel kommt.
- Nach einem Stop oder einem Netzangriff eines Spielers werden die Vorgaben, nur „cross" beziehungsweise „longline" zu spielen, aufgehoben und der Punkt wird über das gesamte Feld zu Ende gespielt.

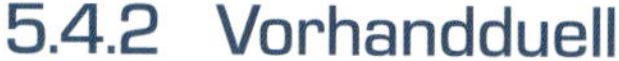

5.4.2 Vorhandduell

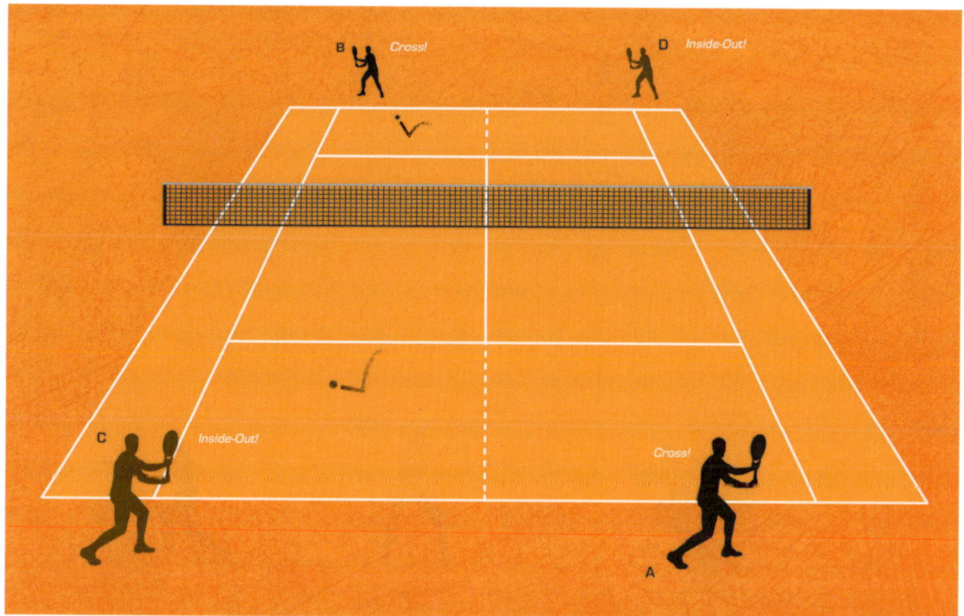

Organisation

Für diese Übung sind zwei oder vier Spielpartner optimal. Das Feld wird in der Mitte geteilt. Zudem werden ausreichend Bälle benötigt.

Ablauf

Spieler A und B stehen sich diagonal gegenüber und spielen Punkte bis 10 und dürfen dabei beide nur ihre Vorhand, bei sonstigem Punktverlust, einsetzen. Nach jeweils vier gespielten Punkten auf der Einstandseite kann auf die Vorteilsseite gewechselt werden. Auch hier darf nur Vorhand in Form von „inside-out" gespielt werden.

Sollte die Übung zu viert gespielt werden, so können die Spieler C und D ihr Vorhandduell auf der Vorteilseite ausführen, während A und B sich auf der Einstandseite duellieren.

Variationen

- Stops und Netzangriffe sind erlaubt, allerdings sind alle Bälle weiterhin nur mit der Vorhand auszuführen.
- Stops und Netzangriffe sind erlaubt, danach wird der Punkt frei über das ganze Feld ausgespielt. Sollte man die Übung zu viert spielen, so wird der Punkt frei auf der jeweiligen Feldhälfte ausgespielt.

5.4.3 ¾ Vorhand

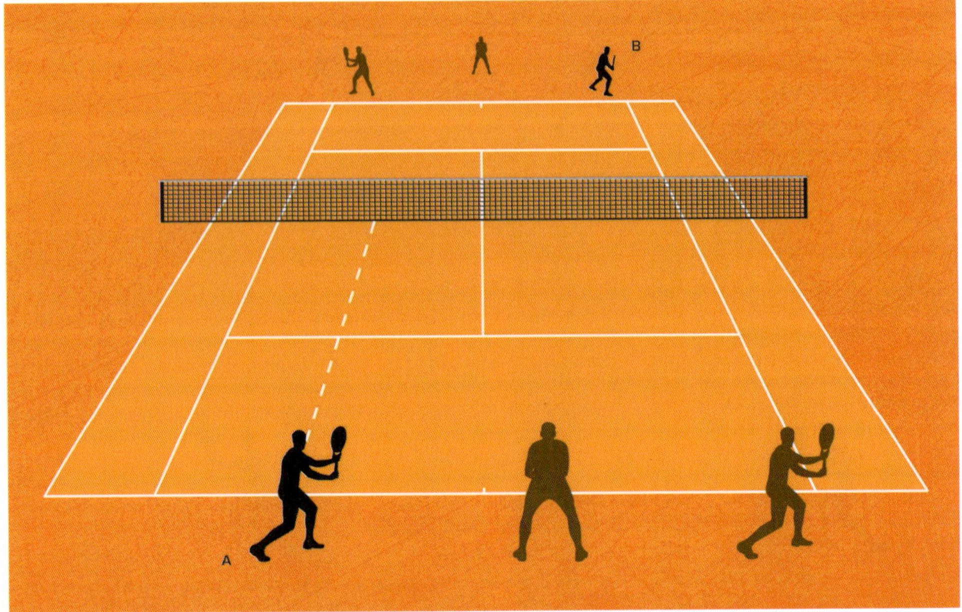

Organisation

Für diese Übung sind zwei Spielpartner A und B optimal. Eine Feldhälfte wird zu drei Vierteln abgeteilt, während die andere unverändert bleibt. Zudem werden ausreichend Bälle benötigt.

Ablauf

Es werden Punkte bis 10 ausgespielt. Spieler A muss drei Viertel seiner Seite mit seiner Vorhand abdecken, allerdings steht ihm das gesamte gegnerische Feld zur Verfügung. Spieler B hingegen ist es erlaubt, seine Vorhand und seine Rückhand zu benutzen, allerdings muss er in das verkleinerte Feld auf As Seite spielen.

Variationen

- A ist es erlaubt, zumindest eine Rückhand pro Ballwechsel zu spielen.
- B muss auf der Rückhand ausschließlich Slice spielen.
- Stops und Netzangriffe sind erlaubt, danach wird der Punkt frei zu Ende gespielt.

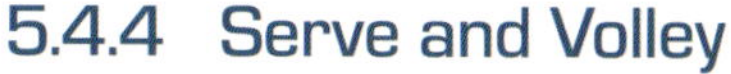

5.4.4 Serve and Volley

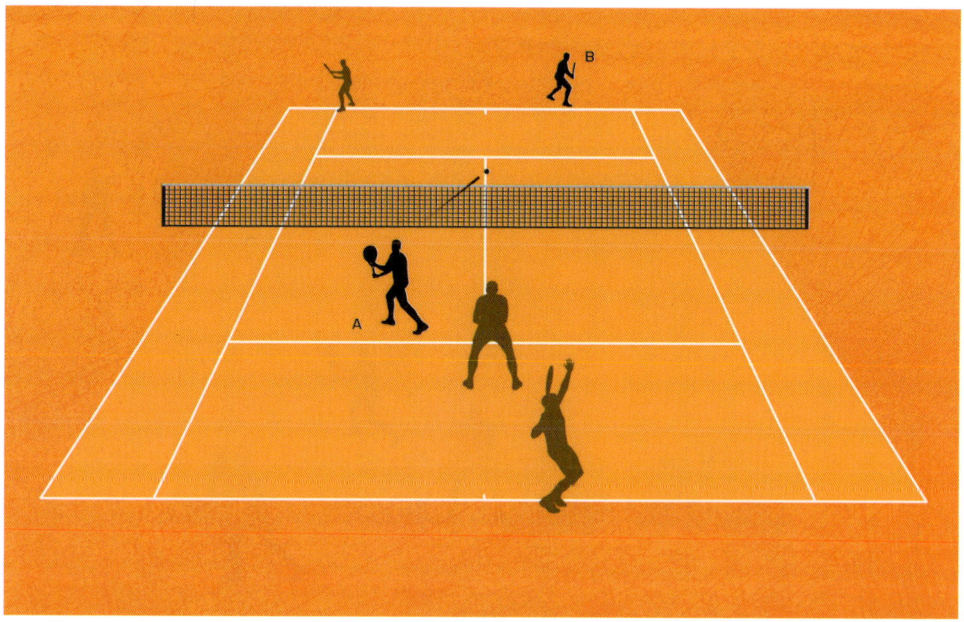

Organisation

Diese Übung kann mit zwei, drei oder vier Spielern ausgeführt werden. Zudem werden ausreichend Bälle benötigt.

Ablauf

Spieler A hat als Aufschläger die Vorgabe, „Serve and Volley" zu spielen. Der Rückschläger B soll aus diesem Wissen Kapital schlagen und es intelligent für sich nutzen. In der Basisvariante dieser Übung sollte der Trainer dem Aufschläger die Vorgabe machen, mit maximal 85-90 % Geschwindigkeit aufzuschlagen. Auch der Rückschläger sollte vorerst den Ball nur flach auf die Füße retournieren. Ziel ist es, dass möglichst oft ein Flugball und ein Passierschlag gespielt werden muss, um so ein Gefühl für die Spielsituation zu bekommen. Jeder Spieler schlägt immer viermal hintereinander auf. Gespielt wird bis 20 Punkte.

Variationen

- Der Aufschläger sagt an, beispielsweise, dass er immer mit einem Kickaufschlag auf die Rückhand nach vorne kommen wird.
- Der Rückschläger wird ausschließlich weich auf die Füße von A spielen, während A völlig frei ist in seinen Entscheidungen.
- Es wird mit der Vorgabe gespielt, dass man mit dem ersten und zweiten Aufschlag nach vorne kommen muss. Der Rest ist frei.

5.4.5 Areas and Zones

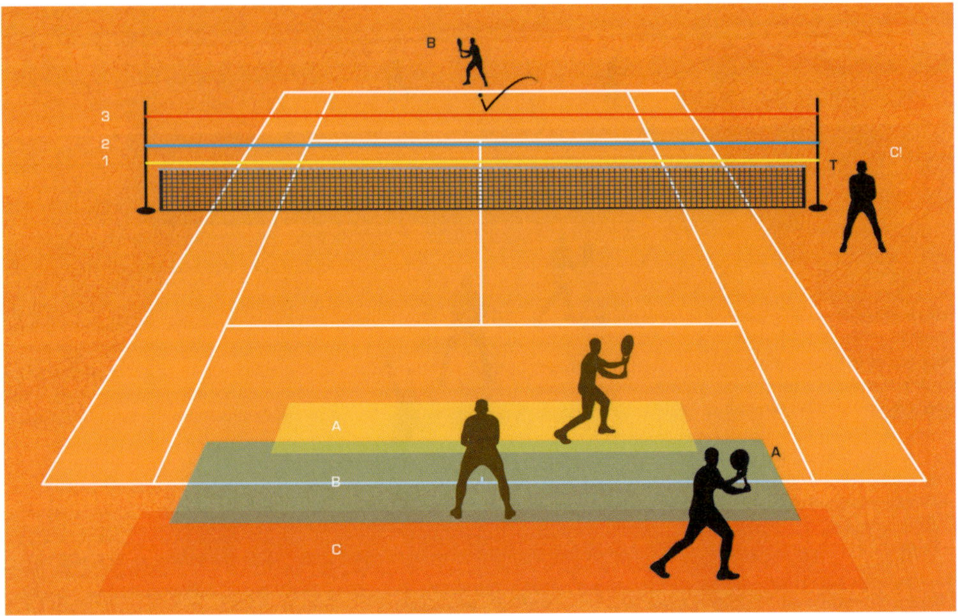

Organisation

Der Raum an der Grundlinie wird in drei sich überschneidende Bereiche eingeteilt (A, B und C). Am Netz sollte eine Erhöhung angebracht werden, damit sich auch dort drei unterschiedliche Zonen/Höhen ergeben (eins, zwei und drei). Die Übung kann mit zwei Spielern ausgeführt werden. Es werden ausreichend Bälle benötigt.

Ablauf

Die Spieler schlagen Bälle mit mittlerer Höhe und Tempo durch die Mitte. Die Vorgabe ist, sich möglichst oft in den Bereich A hineinzubewegen und den Ball flach und schnell übers Netz zu schlagen. Auf Zuruf des Trainers wechseln die Spieler ihre Zone, beispielsweise nach C und spielen von dort den Ball mit hoher Flugkurve zurück, bis der Trainer eine erneute Vorgabe macht.

Variationen

- Spieler A steht im Bereich B (neutraler Bereich) und schlägt Bälle mittlerer Härte und Höhe durch die Mitte. Spieler B hingegen spielt jeweils vier Schläge im Bereich A und Höhe eins und lässt sich dann nach C fallen und spielt Höhe drei. Nach 3-5 Minuten wird gewechselt.

- Es werden Punkte bis 10 gespielt. Einen Satz lang wird der Ballwechsel jeweils im Bereich A und Höhe eins begonnen, im nächsten im Bereich B und Höhe zwei und im dritten Satz werden die Ballwechsel im Bereich C und der Höhe drei begonnen.
- Es wird mit Aufschlag gespielt und die Rückschläger bestimmen anhand ihrer Returnposition, mit welcher Flugkurve eins, zwei oder drei der Ballwechsel eröffnet wird.

5.4.6 Safety First

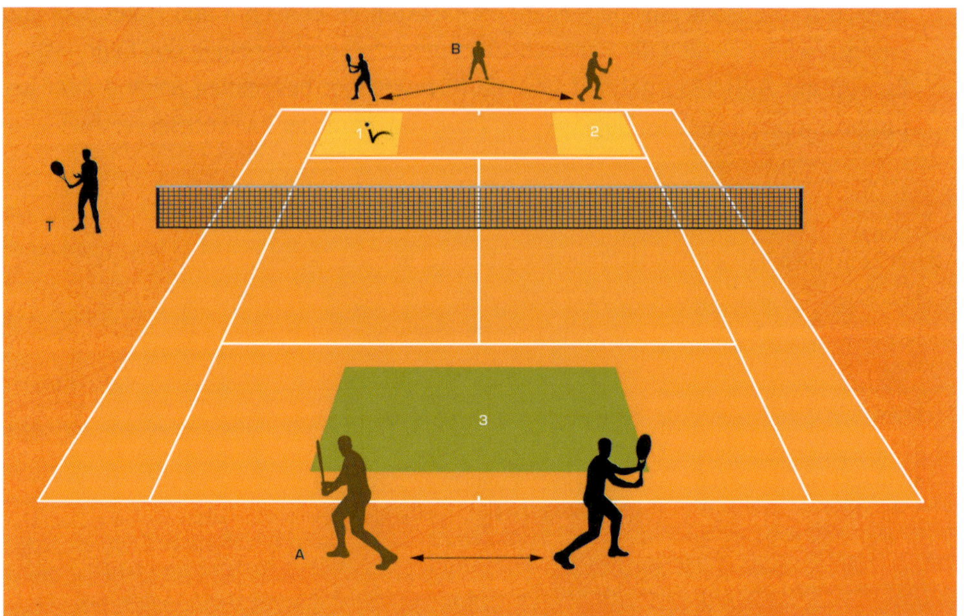

Organisation

Für diese Übung sind zwei Spielpartner A und B optimal. Auf einer Feldhälfte wird mittig ein Zielfeld mit Markierungslinien ausgelegt, das zur Grundlinie hin einen Abstand von circa 1 m (als Pufferzone) haben sollte. Im gegenüberliegenden Feld werden zwei Zielfelder von der Seitenauslinie zur Mitte hin (jeweils circa 3 m breit) ausgelegt. Trainer T steht auf der Seite von B.

Ablauf

Spieler A verteilt die Bälle frei auf der Spielhälfte von B und versucht, dabei in die Zielfelder 1 und 2 zu treffen. Aufgabe von B ist es, seine Bälle aus dem Laufen mittig auf die Zielfläche 3 zurückzuspielen. Dadurch wird sein eigenes Fehlerrisiko minimiert und A bekommt keine Winkel, die er nutzen kann. Für Spieler A steht die Präzision und für B die Schlagsicherheit im Vordergrund. Bei einem Fehler spielt Trainer T sofort einen neuen Ball ein, um die Übung nicht zu unterbrechen.

Variationen

- Spieler B spielt lang mit viel „Bogen“, um es für A schwer zu machen Druck aufzubauen.
- Spieler B benutzt flach abspringende und lange Slicebälle, um es für A schwer zu machen Druck aufzubauen.

- Wenn A dreimal hintereinander ins selbe Feld spielt, wird der Punkt frei ausgespielt.
- Wenn A zwei Slicebälle hintereinander spielt, wird der Punkt frei ausgespielt.
- Es werden Punkte ausgespielt. Der Ball muss jedoch in einem Zielfeld landen, wird ansonsten als Fehler gezählt. Dabei ist zu empfehlen, die Zielfelder deutlich zu vergrößern, um den Spielfluss zu erhalten.

5.4.7 C+ Battle

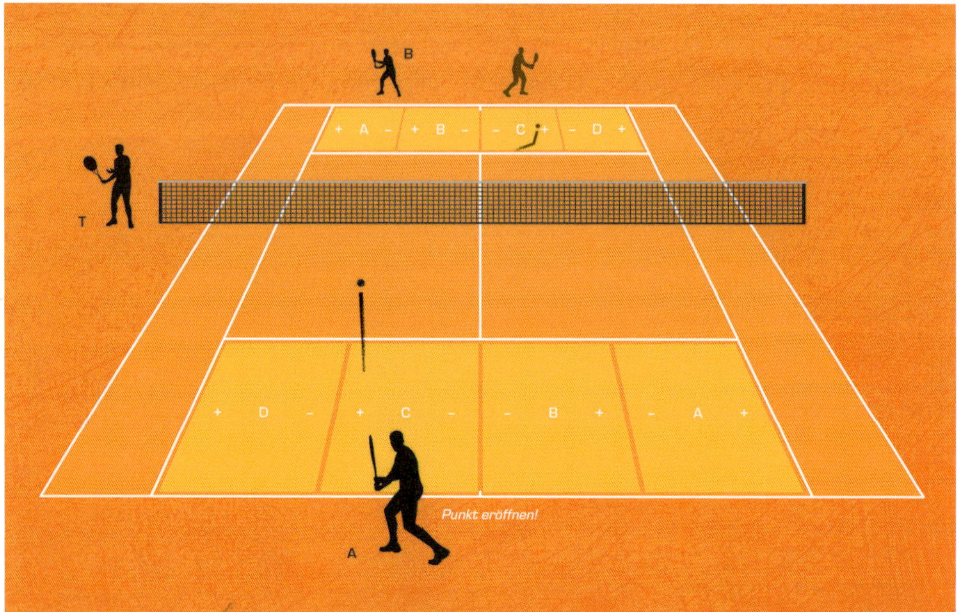

Organisation

Für diese Übung sind zwei Spielpartner A und B optimal. Die Feldhälfte der Spieler wird in vier Zonen eingeteilt A/B/C und D. Zusätzlich können die Felder durch den Einsatz der Zeichen „+" und „–" noch verfeinert werden. Das Feld C+ sollte in beiden Feldhälften gut gekennzeichnet werden.

Ablauf

Beide Spieler versuchen, druckvoll mit der Rückhand das Ziel „C+" anzuspielen und in eine günstige Platzposition zu kommen. A steht es frei, den Spielimpuls zu geben, in dem er die C+ Rally abbricht und auf das Feld „D" oder „A" spielt, und somit den Punkt eröffnet. Dieser wird frei zu Ende gespielt.

Variationen

- Spieler A umläuft seine Rückhand und spielt „inside-out" auf „C+". A steht es frei, den Spielimpuls zu geben, indem er einen „Inside-out"-Winkel auf „D+" oder eine Vorhand „inside-in" auf „A+" spielt. Danach wird der Punkt frei ausgespielt.
- Beide Spieler umlaufen ihre Rückhand und spielen „inside-out" auf „C+". A steht es frei, den Spielimpuls zu geben, indem er einen „Inside-out"-Winkel oder eine „Inside-in"-Vorhand spielt. Danach wird der Punkt frei ausgespielt.
- Der Punkt wird mit dem Aufschlag begonnen und der Return sollte auf „C+" gespielt werden. Danach wird der Punkt frei ausgespielt.

5.5 Methodische Hinweise zur Spielkreativität

Methodische Hinweise zum taktischen Spielkreativitätstraining finden sich hier. Diese können in verschiedenen Spielformen oder auch Basistaktiken eingesetzt werden.

Deliberate Play: In den Spielformen kann unangeleitetes Agieren zum Ausprobieren unterschiedlichster Lösungsvariationen führen.

One-Dimension-Games: Spielformen können durch eine hohe Zahl von immer wiederkehrenden, ähnlichen Situationskonstellationen einzelne sportspielübergreifende Basistaktiken schulen.

Diversifikation: Der Einsatz von verschiedenen motorischen Fertigkeiten in Spielformen kann die Ausbildung von originellen Lösungsvariationen unterstützen.

Deliberate Coaching: In den Spielformen sind keine Instruktionen einzusetzen, die den Aufmerksamkeitsfokus der Agierenden verringern.

Deliberate Motivation: Für die Spielformen sind hoffnungsbasierte Instruktionen einzusetzen, die die Generierung von ungewöhnlichen Lösungen erhöhen.

Deliberate Practice: In späteren Phasen des Lernprozesses können die Spielformen tennisspezifisch ausgerichtet werden, sodass ein zielgerichtetes Überlernen von tennisspezifischen Lösungsvariationen erfolgen kann.

5.6 Spielformen zum Arbeitsgedächtnis

5.6.1 Wohin mit dem Aufschlag?

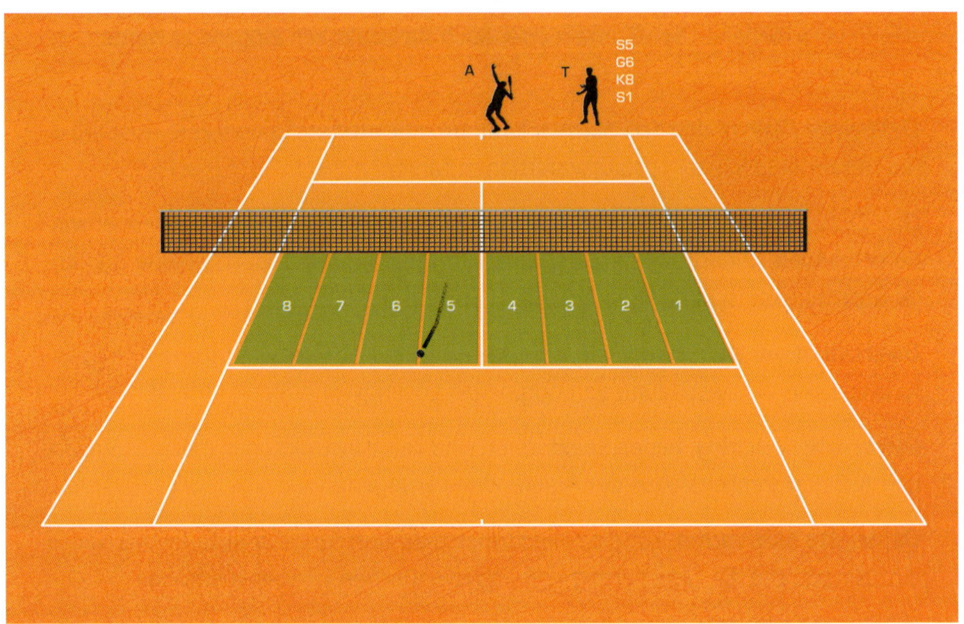

Organisation

Die zwei Aufschlagfelder werden in jeweils vier gleich große Zielfelder unterteilt und mit den Ziffern eins bis acht gekennzeichnet. Es empfiehlt sich, die Ballfolgen zu notieren. Folgende Kürzel haben sich in der Praxis bewährt: S = Sliceaufschlag, G = gerader Aufschlag, K = Kickaufschlag.

Ablauf

Trainer T gibt dem Aufschläger eine Folge von Aufschlägen vor und notiert sich diese. Im folgenden Beispiel wären dies vier Aufschläge. In Klammern steht die jeweils abgekürzte Form.

Erster Aufschlag: Slice auf Feld fünf (S5)

Zweiter Aufschlag: Gerader Aufschlag auf Feld sechs (G6)

Dritter Aufschlag: Kick auf Feld 8 (K8)

Vierter Aufschlag: Slice auf Feld eins (S1)

Zum Einstieg empfiehlt es sich, zumindest vier Aufschlagvarianten vorzugeben. Der Spieler prägt sich die Vorgaben des Trainers möglichst genau ein und beginnt, die Ballfolge abzuspielen. Dabei muss er vor jedem Aufschlag dem Trainer leise mitteilen, wie und wohin er aufschlägt. Der Trainer notiert sich auf einem Blatt, ob sich der Spieler die Vorgaben merken konnte. Die Anzahl der Vorgaben ist so lange zu steigern, bis der Aufschläger an die Grenzen seine Merkfähigkeit stößt.

Variationen

- Serve+1: Der Trainer gibt neben dem Aufschlag auch noch vor, wie und eventuell wohin der erste Ball gespielt werden soll („Wenn-dann-Szenario"). Beispiel: Wenn nach dem Aufschlag der Return auf die Rückhand kommt, dann ist der erste Ball diagonal in das Feld C+ zu spielen.
- Wo waren die Aufschläge? Damit auch der Rückschläger seine Working Memory trainiert, kann man nach der Spielsequenz auch ihn befragen, ob er sich merken konnte, wohin sein Trainingspartner die Aufschläge – tatsächlich – platziert hat.
- Als Erschwerung kann man dem Returnspieler eine Zeitvorgabe machen: „Du hast 15 Sekunden Zeit: Sage mir, wohin hat Spieler A die Aufschläge platziert?"

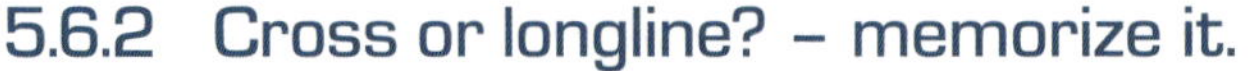

5.6.2 Cross or longline? – memorize it.

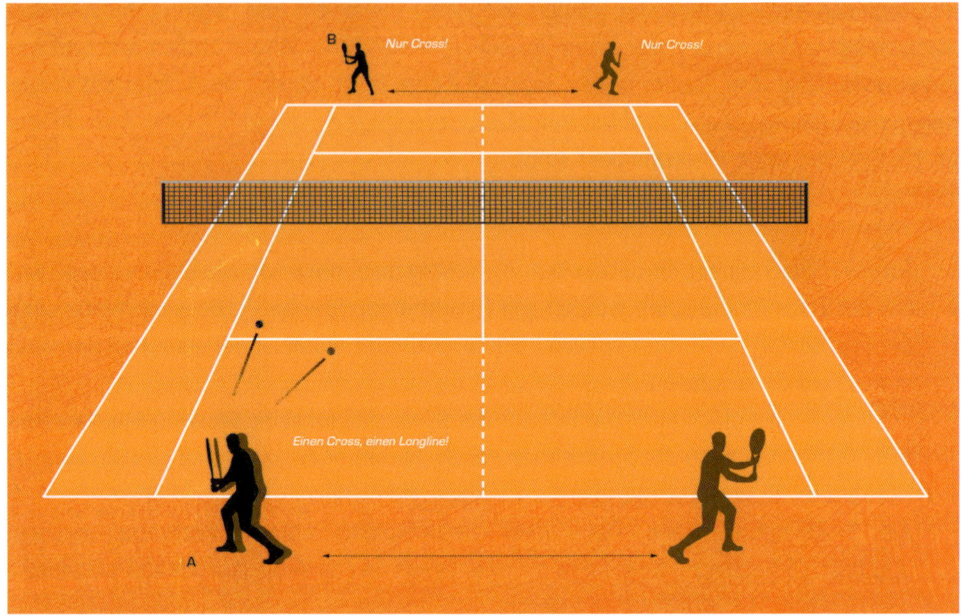

Organisation

Das Tennisfeld wird der Länge nach in zwei Hälften geteilt.

Ablauf

Begonnen wird die Übung mit dem Grundrhythmus bei dem A jeweils einen Ball cross und einen Ball longline spielt (ein cross/ein longline). Nach einer Minute wird der Rhythmus verändert und A spielt zwei Bälle cross und einen longline (zwei cross/ein longline). Nach einer weiteren Minute wird der Rhythmus abermals geändert und A spielt dreimal cross und einmal longline (drei cross/ein longline). Spieler B spielt die ganze Zeit über ausschließlich Cross-Bälle, muss aber selbst auch mitzählen, um zu wissen, wann der Longline von A kommt. Bei zunehmender Müdigkeit wird es für die Spieler immer schwieriger, sich zu merken, wohin sie schlagen und laufen müssen.

Variationen

- „Rollentausch": Während der Übung werden auf Zuruf des Trainers die Rollen der Spieler getauscht.
- „Die Treppe": Hier wird der Rhythmus sehr schnell um jeweils einen Crossschlag erhöht. Beispiel: Spieler A spielt einen „cross" und einen „longline", danach zwei „cross" und einen „longline", dann drei „cross" und einen „longline" etc. Nach einer Minute

sind die Rollen der Spieler zu tauschen. Alternativ können die Rollen nach jedem Fehler getauscht werden.

- „Mix it up": Bei dieser Variante wird Spieler A vorgegeben, der den Schlag die Linie entlang machen muss, wie er diesen zu spielen hat. Beispiel: Der Grundrhythmus ist zwei Bälle „cross" und einer „longline", dann muss Spieler A den ersten „longline" mit Flugkurve, den zweiten lang mit Slice, den dritten glatt und hart und den vierten „longline" kurz auf die T-Linie spielen. Danach kann wieder mit der ersten Variantenabfolge begonnen werden oder es werden neue vorgegeben. Die Übung ist äußerst komplex und anspruchsvoll.

5.6.3 Es war einmal ...

Satz 1			Satz 2			Satz 3		
Ball	**Ende**	**Impuls**	**Ball**	**Ende**	**Impuls**	**Ball**	**Ende**	**Impuls**
1			1			1		
2			2			2		
3			3			3		
4			4			4		
5			5			5		
6			6			6		
7			7			7		
8			8			8		
9			9			9		
10			10			10		
11			11			11		
12			12			12		
13			13			13		
14			14			14		
15			15			15		
16			16			16		
17			17			17		
18			18			18		
19			19			19		

Organisation

Für diese Übung ist zu empfehlen, dass sich Trainer T Notizen macht und eventuell eine kleine Tabelle anfertigt.

Ablauf

Es werden Punkte von der Grundlinie bis 10 gespielt. Sollte es 9:9 stehen, ist der nächste Punkt entscheidend. Maximal können also neunzehn Punkte gespielt werden.

Wie der Ball angespielt wird, ist dem Trainer und den Spielern frei überlassen. Der Trainer notiert sich während des Spiels jeweils den letzten Schlag des Punkts. Nach Ende eines jeden Spiels müssen die Spieler innerhalb einer Minute SCHRIFTLICH versuchen, sämtliche Schläge, mit denen die Punkte geendet haben, aus ihrem Gedächtnis heraus zu notieren. Wer sich mehr merken konnte, erhält bspw. fünf Extrapunkte. Idealerweise ist der Anreiz für das Merkspiel so zu gestalten, dass dadurch der Verlierer des „Tennismatchs" am Ende doch noch gewinnen kann.

Variationen

- „Best of Three": Gespielt werden Match-Tie-Breaks bis 10. Beim Stand von 9:9 entscheidet der folgende Punkt. Die Spieler müssen erst nach dem Ende des gesamten Matchs die Schläge, mit denen die Punkte geendet haben, wiedergeben. Wer mehr richtige Antworten innerhalb von zwei Minuten (alternativ drei Minuten) gibt, wird wieder mit einem Bonus belohnt.
- **„Impulse":** Bei dieser Variation für sehr fortgeschrittene Spieler liegt der Fokus nicht mehr auf dem letzten Schlag, sondern auf jenem, mit dem ein SPIELIMPULS gesetzt wurde. Das könnte beispielsweise ein Stopball sein. Die Aufgabenstellung lautet also, den Schlag oder die Schläge in einem Ballwechsel zu identifizieren, die für den Ausgang des Ballwechsels entscheidend waren. Ob dabei der Punkt gewonnen oder verloren wurde, ist irrelevant. Im Idealfall wird der für den Ballwechsel impulsgebende Akzent vom Trainer und den Spielern gleich beurteilt („Ich habe einen guten Winkel gespielt und musste nachher den Punkt nur noch ordentlich zu Ende spielen", so könnte eine Aussage eines Spielers lauten, der seinen Winkel als den entscheidenden Impuls für den Ballwechsel empfunden hat). Es empfiehlt sich, mit den Spielern gemeinsam die Impulsschläge herauszuarbeiten und zu identifizieren.

5.6.4 Vier gewinnt

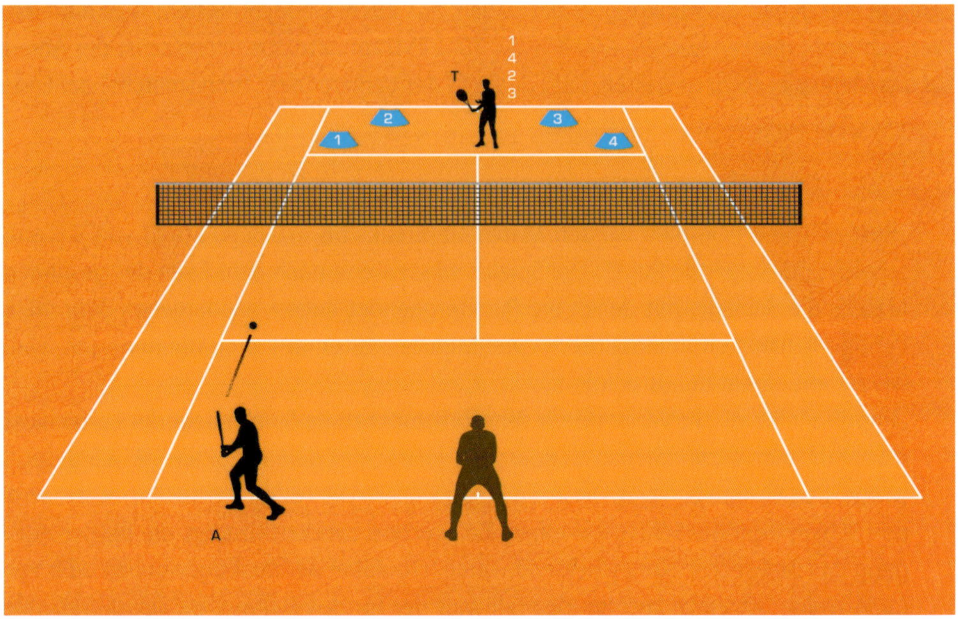

Organisation

Benötigt werden vier Ziele und ausreichend Bälle.

Ablauf

Trainer T ordnet den vier Zielen im Feld feste Nummern zu und gibt dem Spieler eine Reihenfolge vor, wie er auf die Ziele mit den Nummern zu spielen hat (1, 2, 3 und 4). Der Spieler prägt sich diese Zahlenfolge ein und spielt danach auf Ziele gemäß der Vorgabe.

Variationen

- Der Spieler muss die unmittelbare beendete Serie gleich nochmals in umgekehrter Reihenfolge abspielen.
- Die Anzahl der vorgegebenen Ziele wird stark erhöht (verdoppelt, verdreifacht, vervierfacht).
- Den vier Zielen werden neben Zahlen auch Farben und Symbole zugeordnet (Beispiel: 4, rot, Stern, 1).

5.6.5 Let the ball bounce

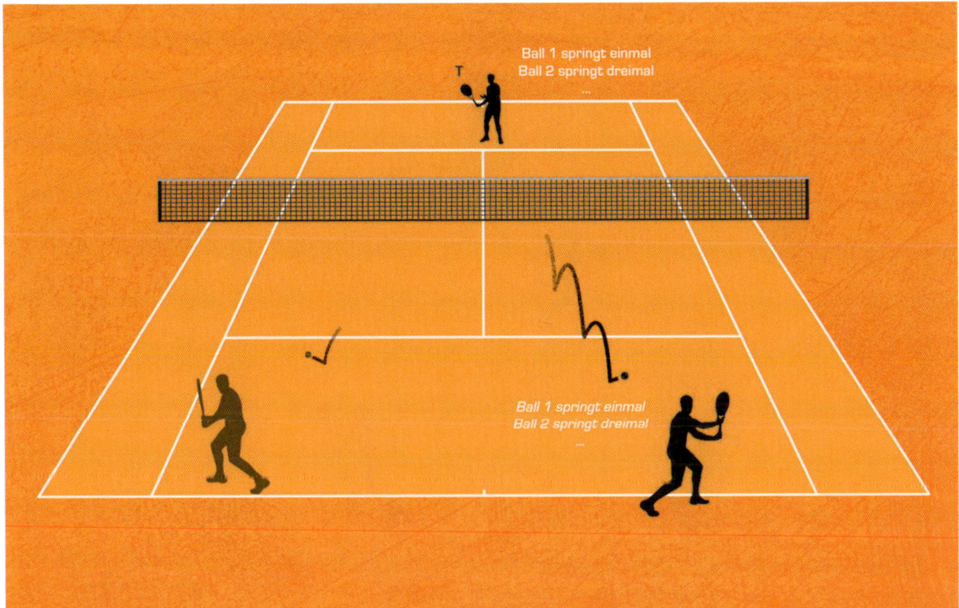

Organisation

Für diese Übung sind keine Hilfsmittel nötig.

Ablauf

Trainer T spielt sechs Bälle an und dem Spieler wird vorgegeben, wie oft er den Ball springen lassen soll (Beispiel: Ball 1 springt einmal, Ball 2 springt dreimal, Ball 3 springt zweimal, Ball 4 springt einmal, Ball 5 springt zweimal und Ball 6 springt einmal).

Variationen

- Die Zahlen werden vertauscht. Eins bedeutet der Ball springt dreimal und drei bedeutet der Ball springt einmal.
- Farben dienen der Codierung. Grün bedeutet der Ball springt einmal, blau bedeutet der Ball springt zweimal und Rot bedeutet der Ball springt dreimal.
- Die Vorgaben werden optisch, beispielsweise durch Fingerzeig, gegeben (Zwei Finger bedeuten der Ball springt zweimal, drei Finger bedeuten der Ball springt dreimal, etc.).

5.6.6 Codes sprechen

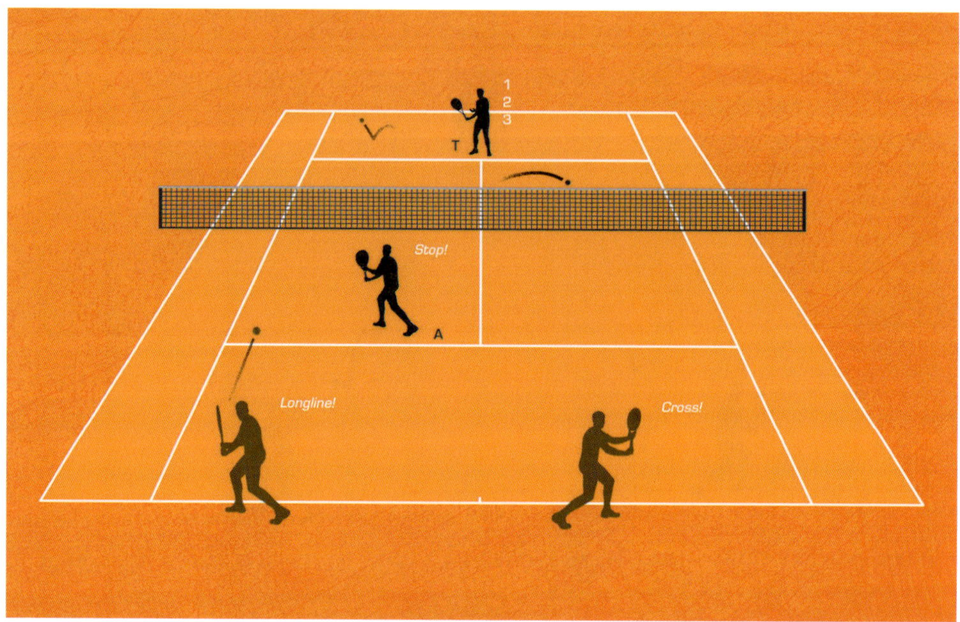

Organisation

Für diese Übung sind ausreichend Bälle nötig.

Ablauf

Trainer T steht nahe der T-Linie, verteilt die Bälle frei im Feld und gibt dem Spieler vor, wohin er die Bälle zu schlagen hat, indem er einen Code benutzt. Im nachfolgenden Beispiel wird „1" für longline, „2" für cross und „3" für einen Stop verwendet. Die Ballfolge sollte aus zumindest sechs Zahlen bestehen. Der Spieler muss sich diese merken und die Bälle dementsprechend platzieren.

Variationen

- Neben den Zahlen können auch Farben und Symbole als Codes verwendet werden, wahlweise auch in Kombination.
- Neben den Richtungen „cross" und „longline" wird auch Slice und Topspin codiert.

5.6.7 Flugkurven variieren

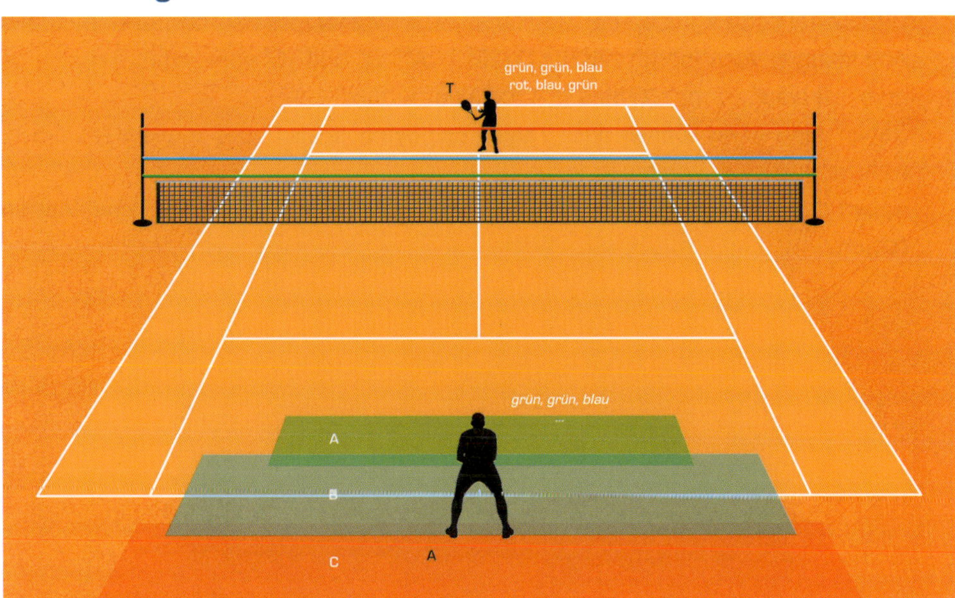

Organisation

Für diese Übung empfiehlt es, sich eine Netzerhöhung mit unterschiedlichen Farben zu verwenden (in Grün, Blau und Rot). In einer der Variationen zu dieser Übung wird zudem das Feld des Spielers X auch in die Zonen A, B und C unterteilt.

Ablauf

Trainer T steht nahe der T-Linie, verteilt die Bälle frei im Feld und gibt dem Spieler vor, mit welcher Flugkurve er die Bälle zu schlagen hat, indem er einen Code benutzt. Im nachfolgenden Beispiel wird „Grün" für eine flache (circa eine Schlägerlänge), „Blau" für eine mittlere (circa zwei Schlägerlängen) und „Rot" für eine hohe Flugkurve (circa drei Schlägerlängen) über dem Netz verwendet. Die Ballfolge sollte aus zumindest sechs Farbcodes bestehen. Der Spieler muss sich diese merken und die Bälle dementsprechend platzieren.

Variationen

- Der Trainer codiert neben der Flugkurve auch die Platzposition des Spielers. In der Abbildung werden hierfür die Buchstaben „A", „B" und „C" verwendet. Beispiel: „A grün", „B blau", „C rot", „C blau", „A rot" und „B grün".
- Neben den Farben können auch Zahlen und Symbole als Codes verwendet werden, wahlweise auch in Kombination.
- Neben den Flugkurven „flach", „mittel" und „hoch" werden auch Slice und Topspin codiert.

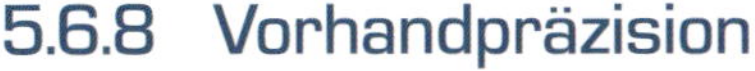

5.6.8 Vorhandpräzision

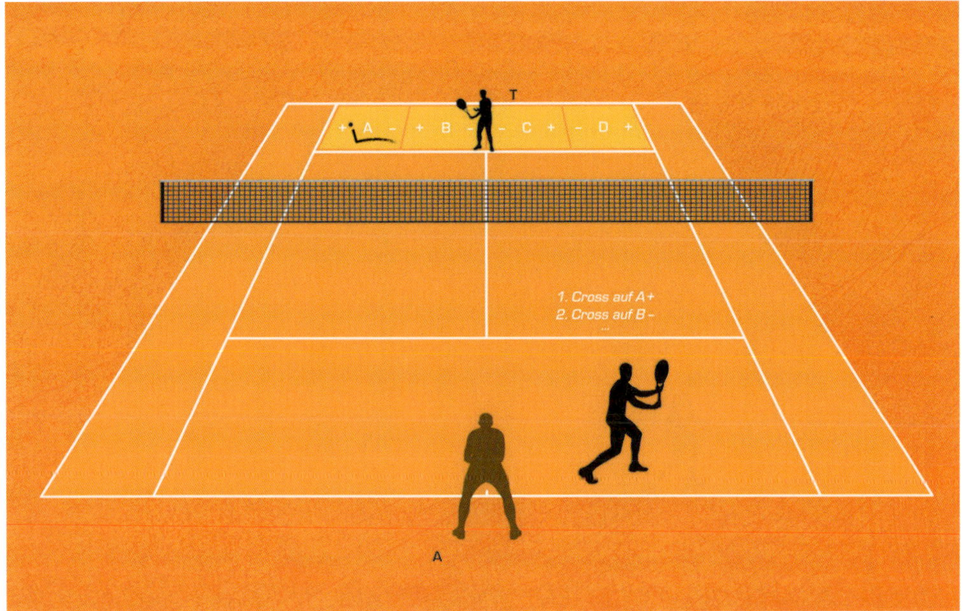

Organisation

Das Spielfeld wird in Felder eingeteilt: A/B/C und D. Jedes Feld wird nochmals in „+" und „–" unterteilt, wobei „+" immer nach außen zur Seitenlinie bedeutet und „–" immer nach innen zur Mitte hin. Spieler A befindet sich an der Grundlinie. Trainer T steht in der Nähe der T-Linie. Es werden ausreichend Bälle benötigt.

Ablauf

Der Trainer gibt dem Spieler vier Schlagvariationen vor: Ball 1: „VH cross auf A+", Ball 2: „VH cross auf B-", Ball 3. „VH longline auf D+", Ball 4: „VH longline auf C+". Der Spieler merkt sich die Vorgaben des Trainers und spielt die Ziele der Reihenfolge nach an.

Variationen

- Die Reihenfolge wird umgedreht.
- Die Richtungsvorgaben werden mit verschiedenen Schnittvarianten (Slice, Topspin) kombiniert.
- Die Richtungsvorgaben werden mit verschiedenen Höhen- und Tempovarianten kombiniert.
- Es wird die Anzahl der vorgegebenen Schläge erhöht.

5.6.9 Rückhandpräzision

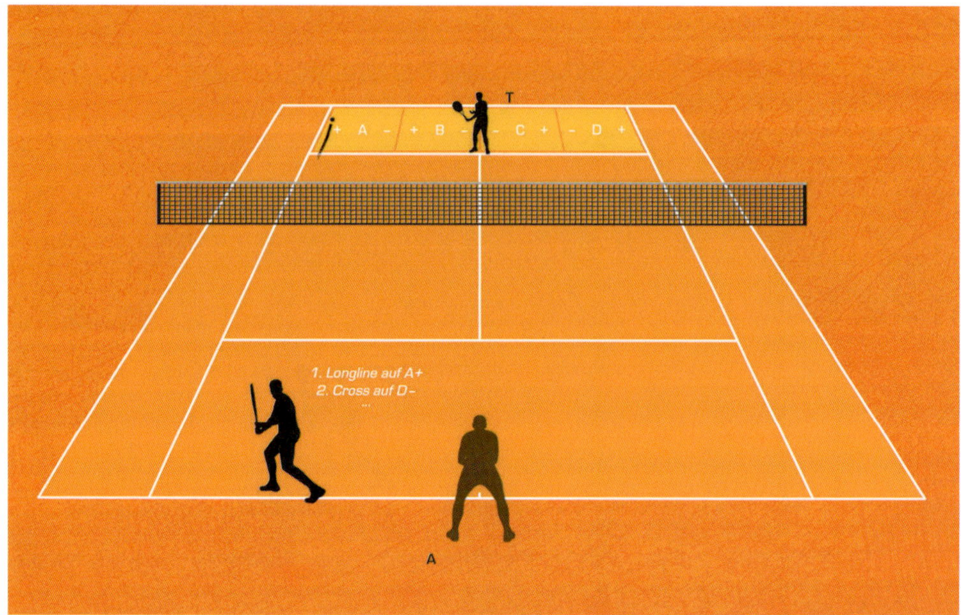

Organisation

Das Spielfeld wird in Felder eingeteilt: A/B/C und D. Jedes Feld wird nochmals in „+" und „–" unterteilt, wobei „+" immer nach außen zur Seitenlinie bedeutet und „–" immer nach innen zur Mitte hin. Spieler A befindet sich an der Grundlinie. Trainer T steht in der Nähe der T-Linie. Es werden ausreichend Bälle benötigt.

Ablauf

Der Trainer gibt dem Spieler vier Schlagvariationen vor: Ball 1: „Rückhand „longline" auf A+", Ball 2: „Rückhand cross auf D-", Ball 3: „Rückhand longline auf A+", Ball 4: „Rückhand longline auf C+". Der Spieler merkt sich die Vorgaben des Trainers und spielt die Ziele der Reihenfolge nach an.

Variationen

- Die Reihenfolge wird umgedreht.
- Die Richtungsvorgaben werden mit verschiedenen Schnittvarianten (Slice, Topspin) kombiniert.
- Die Richtungsvorgaben werden mit verschiedenen Höhen- und Tempovarianten kombiniert.
- Es wird die Anzahl der vorgegebenen Schläge erhöht.

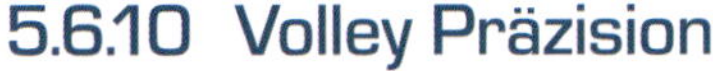

5.6.10 Volley Präzision

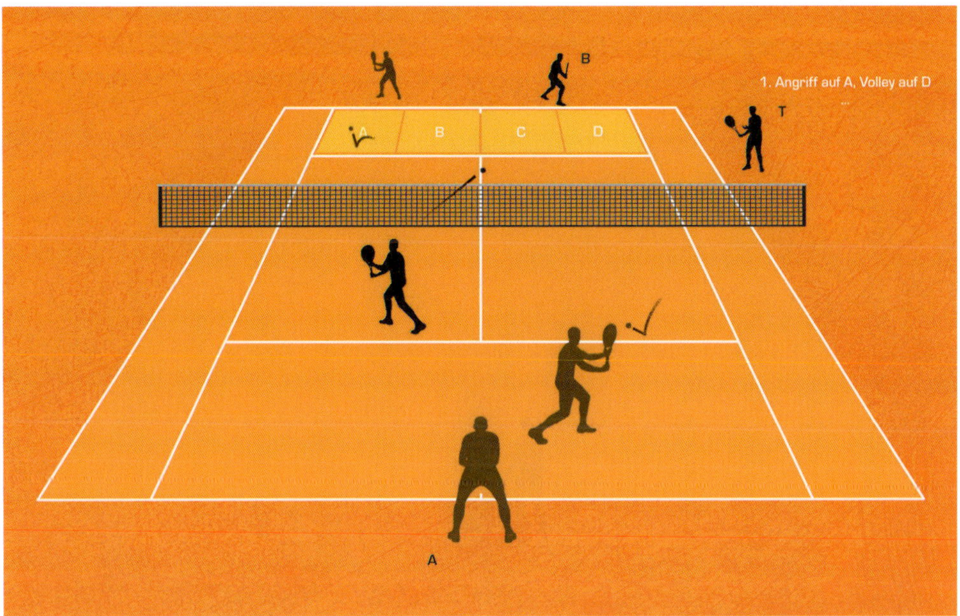

Organisation

Zwei Spieler A und B positionieren sich, mittig auf der Grundlinie. Es werden ausreichend Bälle benötigt.

Ablauf

Der Trainer T macht dem Spieler A fünf Vorgaben, wie er angreifen und wohin er den Volley platzieren sollte. Der Spieler prägt sich die Vorgaben ein. Der Trainer spielt den Ball jeweils kurz auf die T-Linie, mit dem der angreifende Spieler A sofort ans Netz nachrückt. Der verteidigende Spieler B soll versuchen, den Ball knapp über das Netz zu spielen, sodass der Angreifer seinen Volley gut auf das vorgegebene Ziel platzieren kann. Danach begeben sich die Spieler wieder in ihre Ausgangsposition. Nach der fünften Wiederholung wird der Punkt ausgespielt und die Spieler wechseln ihre Aufgabe.

Variationen

- Es werden verschiedene Richtungs- oder Höhenvarianten vorgegeben, die sich der Spieler merken muss.
- Vorgegeben werden verschiedene Tempo- und Längenvarianten.
- Es werden Reifen oder Hütchen in verschiedenen Farben auf dem Feld ausgelegt, die der Übende in einer bestimmten Reihenfolge anspielen muss.

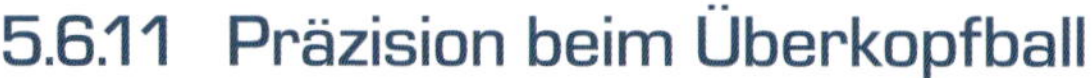

5.6.11 Präzision beim Überkopfball

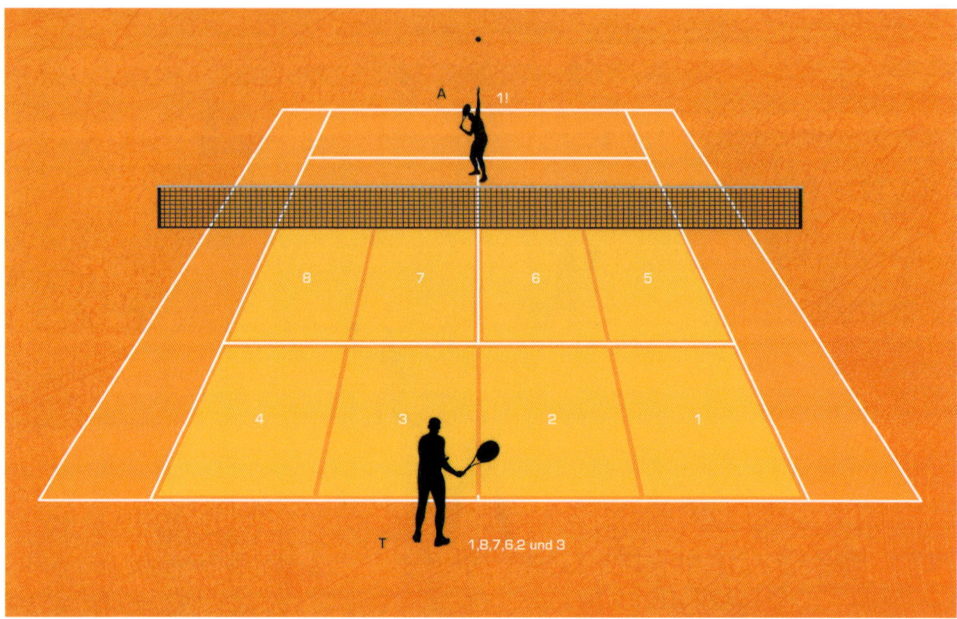

Organisation

Das Spielfeld wird in Felder eins bis acht eingeteilt. Spieler A befindet sich am Netz. Trainer T steht hinter der Grundlinie. Es werden ausreichend Bälle benötigt.

Ablauf

Der Trainer gibt dem Spieler sechs Zahlen vor, die der Spieler sich merken soll (Beispielsweise: eins, acht, sieben, sechs, zwei und drei). Im Anschluss spielt er sechs Lobs, die der Spieler gemäß der vorgegebenen Reihenfolge auf die Zielfelder schmettern soll. Der Spieler soll die Zahl des Feldes, in das er spielt, vor dem Überkopfball laut ansagen.

Variationen

- Die Reihenfolge wird umgedreht.
- Die Anzahl der vorgegebenen Felder wird erhöht.
- Die Codierung wird abgeändert (Beispiel: „eins" bedeutet „acht", „drei bedeutet „fünf".)

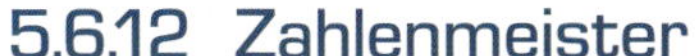

5.6.12 Zahlenmeister

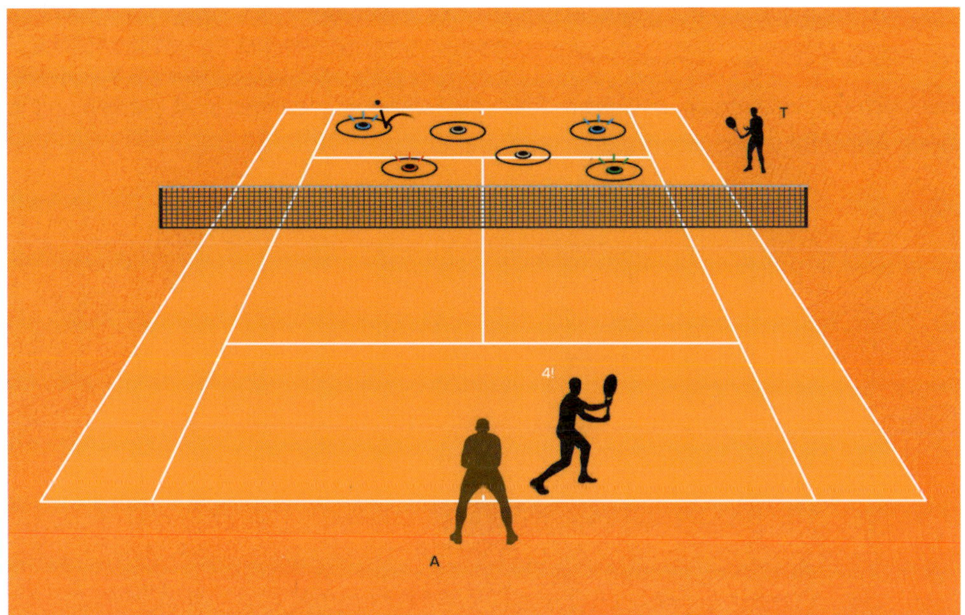

Organisation

Es werden sechs Signallichter (die eingestellten Farben sind frei wählbar), ausreichend Bälle und sechs Reifen benötigt. Die sechs Reifen werden auf der gegnerischen Platzseite beliebig verteilt und in jeden Reifen wird ein Signallicht gelegt. Trainer T steht an der Seite und spielt die Bälle an.

Ablauf

Eine zufällige Anzahl von Signallichtern leuchtet gleichzeitig kurz auf. Der Spieler soll erkennen, wie viele es waren. Hat er beispielsweise vier Signallichter aufleuchten sehen, so sagt er laut: „4!", und der Trainer wird ihm vier Bälle anspielen, mit denen er versuchen soll, jene Reifen zu treffen, in denen ein Signallicht geleuchtet hat.

Variationen

- Die Signallichter leuchten in zufälliger Reihenfolge nacheinander auf. Der Spieler muss sich diese merken und in der gleichen Reihenfolge die Reifen anspielen.
- Bei dieser Variation sind die Signallichter in vier unterschiedlichen Farben einzustellen. Zudem werden vier Reifen in derselben Farbe benötigt. Der Spieler muss sich jene Reifen merken und anspielen, bei denen die Farbe des Lichts und des Reifens zusammengepasst hat.

- Die Signallichter werden in einer Reihe am Netz auf der eigenen Spielfeldhälfte platziert, die Ringe auf der gegnerischen Feldhälfte verteilt.

Die Signallichter am Netz gehen der Reihe nach in verschiedenen Farben an, der Spieler muss sich die Reihenfolge, in welcher Farbe die Lichter angegangen sind, merken und in dieser Reihenfolge versuchen, die Ringe zu treffen.

5.6.13 Even or odd

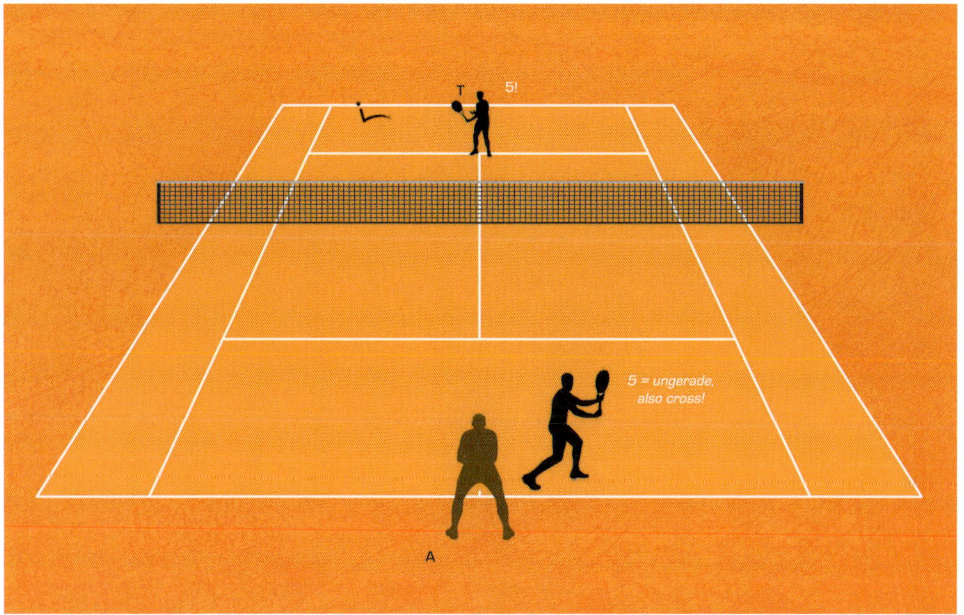

Organisation

Trainer T positioniert sich in der Nähe der T-Linie mit ausreichend Bällen. Spieler A steht an der Grundlinie.

Ablauf

Der Trainer spielt die Bälle an und sagt dabei immer eine Zahl an. Alle geraden Zahlen bedeuten, dass A „longline" spielen muss und alle ungeraden Zahlen, dass er „cross" spielen muss.

Variationen

- Die Bedeutung von geraden und ungeraden Zahlen wird vertauscht.
- Es werden leichte Rechenaufgaben gestellt. Das Ergebnis ist entweder eine gerade oder ungerade Zahl und löst beim Spieler eine Spielaufgabe aus. Beispiel: 8 – 4 = 4 = gerade = „longline". Es können Additionen, Subtraktionen, Multiplikationen und Divisionen als Rechenaufgaben gestellt werden.
- Die Übung kann erschwert werden, indem sich der Spieler die Ergebnisse der Rechenaufgaben merken und diese addieren muss. Wenn die Addition beispielsweise eine Zahl größer als 20 ergibt, dann vertauscht sich die Codierung. Beispiel: Bis die Zahl

20 erreicht wird, spielt A bei ungeradem Ergebnis „cross", sobald 20 überschritten wird, spielt er bei einer ungeraden Zahl „longline".

Aufgabe eins: 2 x 3 = 6 = gerade = „longline".

Aufgabe zwei: 5 + 4 = 9 + 6 (Ergebnis der Aufgabe 1) = 15 = ungerade = „cross".

Aufgabe drei: 9 – 3 = 6 + 15 (Summe aus Aufgabe 1 und 2) = 21 = größer 20 = ungerade = „longline".

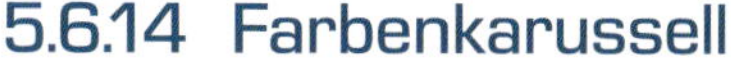

5.6.14 Farbenkarussell

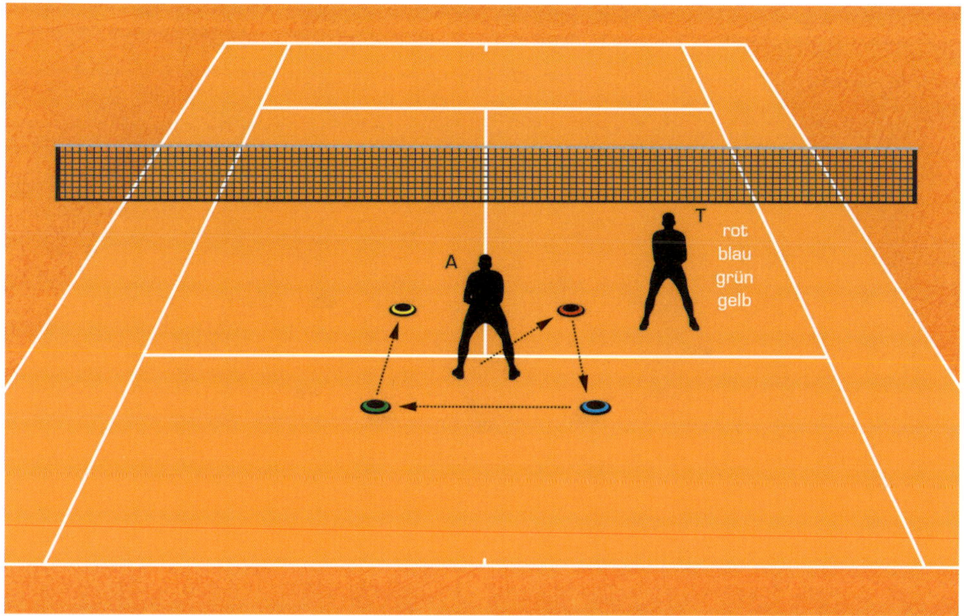

Organisation

Es werden vier Signallichter mit unterschiedlich eingestellten Farben benötigt. Die Signallichter liegen auf dem Boden, können aber auch erhöht werden. Der Abstand der Signallichter richtet sich nach der Größe und nach dem Level des Spielers. Der Spieler befindet sich zwischen den Signallichtern.

Ablauf

Trainer T gibt dem Spieler einen Farbcode vor, beispielsweise rot, blau, grün, gelb. Diese Information muss sich der Spieler einprägen. Im Anschluss leuchten die Signallichter auf und der Spieler muss die Lichter, wie vom Trainer vorgegeben, möglichst schnell ausmachen.

Variationen

- Den unterschiedlichen Farben werden bestimmte Körperteile zugewiesen, mit denen das Signallicht „ausgewischt" werden soll. Leuchtet beispielsweise das rote Licht, ist dies mit der rechten Hand, das gelbe Licht mit der linken Hand, das blaue Licht mit dem rechten Fuß und das grüne Licht mit dem linken Fuß auszuwischen.
- Es werden zwei weitere Farben eingestellt, welche bestimmte Aufgaben für den Trainierenden auslösen. Leuchtet beispielsweise das Signallicht in Orange, muss sich der Athlet einmal um sich selbst drehen, bei violettem Licht muss er in die Hände klatschen.

5.6.15 Paarlauf

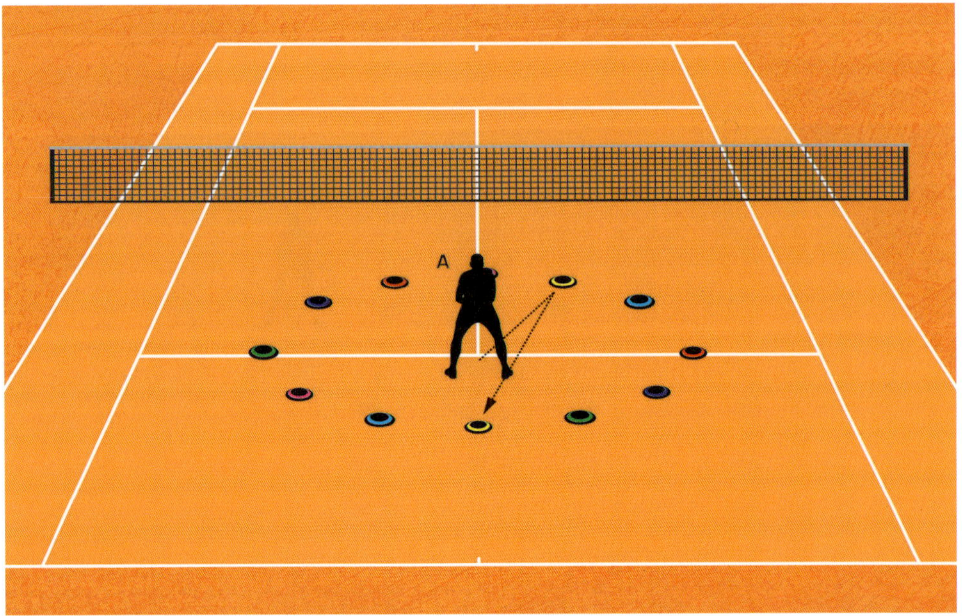

Organisation

12 Signallichter (es sind sechs Farbpaare zu programmieren) liegen auf dem Boden, können aber auch auf Stangen erhöht werden. Der Abstand der Signallichter richtet sich nach der Größe und nach dem Level des Spielers. Der Spieler befindet sich zwischen den Signallichtern.

Ablauf

Der Trainierende befindet sich im Inneren des Signallichterkreises. Alle 12 Lichter gehen gleichzeitig an und sie sind so programmiert, dass immer Farbpaare entstehen. Der Athlet soll mit dem Fuß oder der Hand nacheinander die Farbpaare schnellstmöglich auswischen.

Variationen

- Ein Signallicht soll mit der linken, das andere, das in derselben Farbe leuchtet, mit der rechten Hand ausgewischt werden.
- Ein Signallicht soll mit dem linken, das andere, das in derselben Farbe leuchtet, mit dem rechten Fuß ausgewischt werden.

5.6.16 Remember the Code

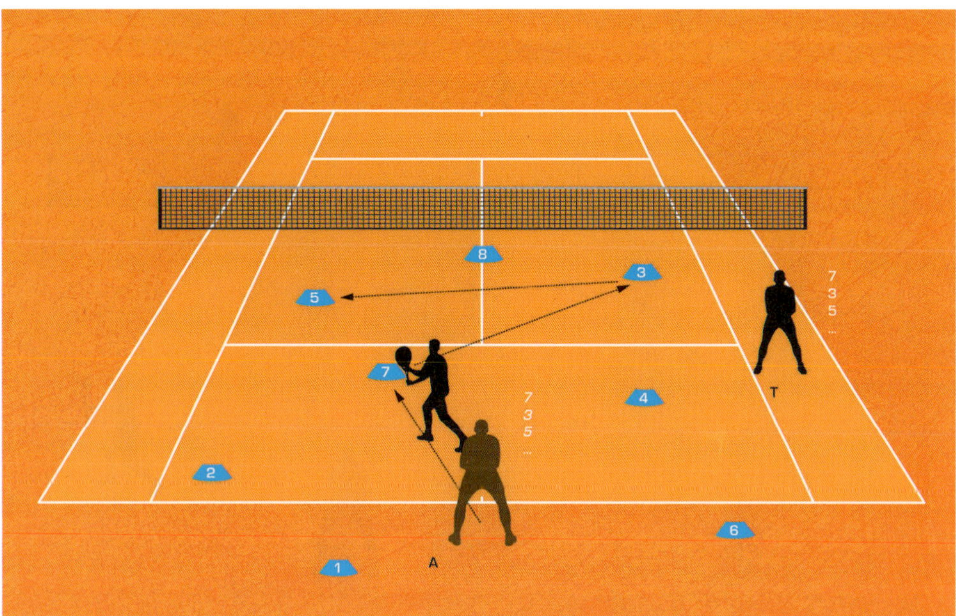

Organisation

Auf einer Tennisplatzhälfte werden acht Markierungen ausgelegt. Spieler A positioniert sich mittig hinter der Grundlinie.

Ablauf

Spieler A werden vom Trainer T fünf Zahlen genannt, die er sich in der richtigen Reihenfolge merken muss. Nach dem Startsignal muss A die Markierungen in der richtigen Reihenfolge anlaufen und jeweils einen Schattenschlag ausführen.

Variation

- Die Reihenfolge wird umgedreht.
- Es wird die Anzahl der vorgegebenen Felder erhöht.
- Die Codierung wird abgeändert (Beispiel: „1" bedeutet „8", „3 bedeutet „5".)

5.6.17 Hit the Zone

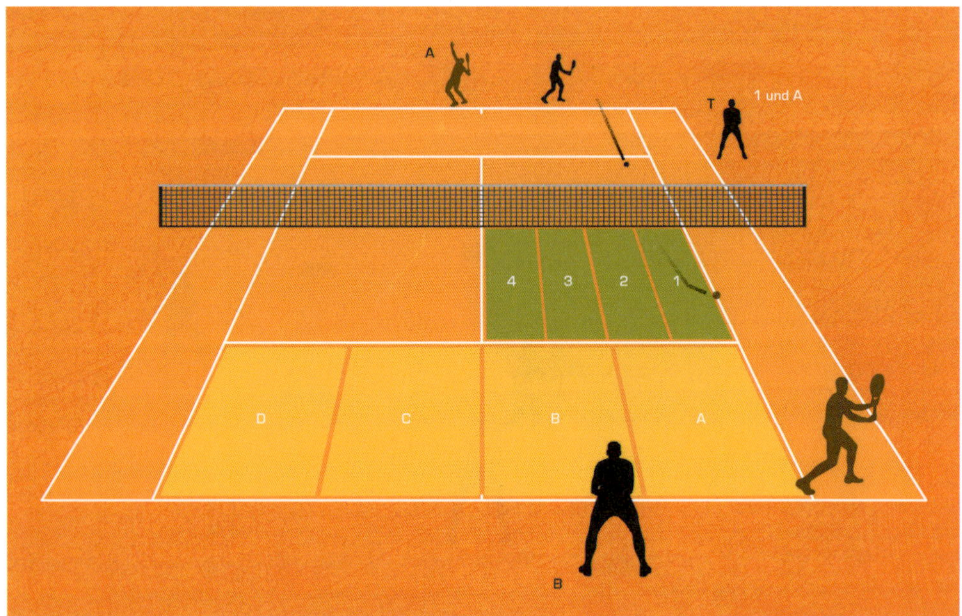

Organisation

Das Spielfeld wird, wie auf der Abbildung zu sehen ist, in Zonen unterteilt. Trainer T steht hinter Spieler A, während B sich auf der gegenüberliegenden Seite positioniert.

Ablauf

Trainer T sagt dem Spieler an, welche Zonen er im Ballwechsel anspielen soll, beispielsweise den Aufschlag mit Slice kurz nach außen setzen und den ersten Ball in die Vorhand des Gegners.

Variationen

- Die Spielfelder werden mittels Farben und Symbolen neu codiert.
- Der Spieler muss sich mehrere „Wenn-dann-Szenarien" merken. Beispielsweise macht der Trainer folgende Vorgabe: „Aufschlag nach außen auf der Vorteilseite mit viel Topspin. Wenn der Return 'longline' kommt, dann spielst du mit deiner Vorhand den Ball 'longline' zurück, wenn der Ball 'cross' retourniert wird, dann spielst du den Ball 'cross' zurück, wenn der Ball als Slice retourniert wird, dann spielst du einen Stop."

- Die Anzahl der vorgegebenen Schläge und der „Wenn-dann-Szenarien" wird erhöht und für zwei, drei, vier Ballwechsel im Voraus vorgegeben, sodass die Anforderung an das Arbeitsgedächtnis des Spielers immer höher wird. Es wird empfohlen, dass sich der Trainer seine Vorgaben notiert.

5.6.18 Lichter Memory

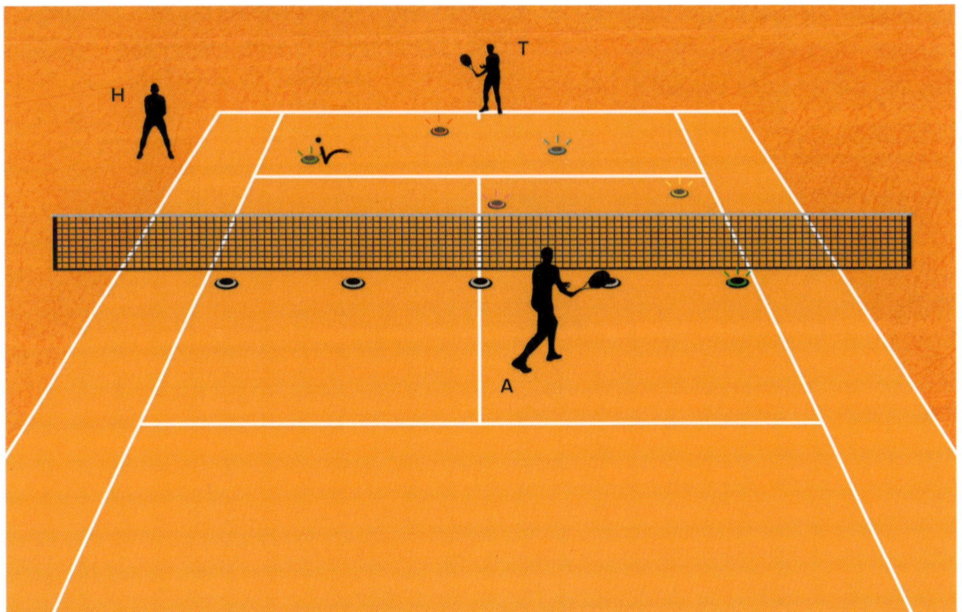

Organisation

Es werden zehn Signallichter benötigt. Fünf Signallichter werden knapp vor dem Netz auf der Seite von Spieler A gelegt. Die restlichen fünf Signallichter können beliebig im gegnerischen Feld positioniert werden. Spieler A ist am Netz. Trainer T steht an der Grundlinie im gegenüberliegenden Feld von A. Zudem wird ein Helfer H benötigt, der die Signallichtkonsole manuell bedient.

Ablauf

Zuerst gehen alle fünf Signallichter im gegenüberliegenden Feld an und erlöschen nach fünf Sekunden. Spieler A muss sich die Farbpositionen der einzelnen Signallichter einprägen. In der Folge geht ein Signallicht, in unserem Beispiel das grüne, auf der Seite von A an. Der Trainer T spielt danach einen Ball auf A und dieser volliert auf jenes Signallicht, das in der Einprägungsphase in der gleichen Farbe geleuchtet hat.

Variationen

- Die Farben der Signallichter im gegenüberliegenden Feld werden nach jedem Ball geändert.
- Die Farben der Signallichter im gegenüberliegenden Feld werden abermals nach jedem Ball geändert. Haben zwei Signallichter in der gleichen Farbe aufgeleuchtet, muss A eine bestimmte Spielaufgabe lösen, wie etwa einen Volleystopp spielen.

- Leuchten alle fünf Signallichter auf der Seite von Spieler A gleichzeitig, darf A den Ball nicht spielen und muss ihn passieren lassen.

ANHANG

1 Literatur

Abernethy, B. (1990a). Anticipation in squash: Differences in advance cue utilization between expert and novice players. *Journal of sports sciences*, *8*, 17-34.

Abernethy, B. (1990b). Expertise, visual search, and information pick-up in squash. *Perception*, *19*, 63-77.

Abernethy, B. & Russell, D. G. (1987). Expert-novice differences in an applied selective attention task. *Journal of Sport Psychology, 9*, 326-345.

Abernethy, B., Maxwell, J. P., Masters, R. S. W., van der Kamp, J. & Jackson, R. C. (2007). Attentional processes in skill learning and expert performance. In G. Tenenbaum & R. C. Eklund (Eds.), *Handbook of sport psychology* (3rd ed.), S. 245-263. New Jersey: Wiley & Sons.

Abernethy, B., Wood, J. M. & Parks, S. (1999). Can the anticipatory skills of experts be learned by novices? *Research Quarterly for Exercise and Sport, 70*, 313-318.

Alvarez, G. A. & Franconeri, S. L. (2005). How many objects can you track? Evidence for a flexible tracking resource. *Journal of Vision, 5*, 641-641.

Alvarez, J. A. & Emory, E. (2006). Executive function and the frontal lobes: A meta-analytic review. *Neuropsychology Review*, *16*, 17-42.

Amelang, M. & Bartussek, D. (Hrsg.). (2001). *Differenzielle Psychologie und Persönlichkeitsforschung.* Stuttgart: Kohlhammer.

Baddeley, A. D. (2007). *Working memory, thought, and action.* Oxford: Oxford. University Press.

Bakker, F. C., Oudejans, R. D., Binsch, O. & van der Kamp, J. (2006). Penalty taking and gaze behavior: Unwanted effects of the wish not to miss. *International Journal of Sport Psychology, 37*, 265-280.

Beck, D. M. & Lavie, N. (2005). Look here but ignore what you see: Effects of distractors at fixation. *Journal of Experimental Psychology: Human Perception and Performance, 31*, 592.

Beilock, S. L., Carr, T. H., MacMahon, C. & Starkes, J. L. (2002). When paying attention becomes counterproductive: Impact of divided versus skill-focused attention of novice and experienced performance of sensorimotor skills. *Journal of Experimental Psychology: Applied, 8*, 6-16.

Bishop, D. T., Wright, M. J., Jackson, R. C. & Abernethy, B. (2013). Neural bases for anticipation skill in soccer: An FMRI study. *Journal of Sport & Exercise Psychology, 35*, 98-109.

Broadbent, D. E. (1958). *Perception and communication*. London: Pergamon Press.

Bruce, V., Green, P. & Georgeson, M. (1996). *Visual perception. Physiology, psychology and ecology* (3rd ed.). Hove: Psychology Press.

Caserta, R. J. & Singer, R. N. (2004). The effectiveness of video situational awareness learning in response to video tennis match situations. *Journal of Sport & Exercise Psychology*, 26, 48-49.

Cauraugh, J. H. & Janelle, C. M. (2002). Visual search and cue utilisation in racket sports. In K. Davids, G. J. P. Savelsbergh, S. J. Bennett & J. Van Der Kamp (Eds.), *Interceptive actions in sport* (pp. 64-89). London: Routledge.

Cavanagh, P. & Alvarez, G.A. (2005). Tracking multiple targets with multifocal attention. *Trends in Cognitive Sciences, 9*, 349-354.

Cohen, M. A., Alvarez, G. A., Nakayama, K. & Konkle, T. (2016). Visual search for object categories is predicted by the representational architecture of high-level visual cortex. *Journal of neurophysiology, 117*, 388-402.

Conway, A. R. A., Jarrold, C., Kane, M. J., Miyake, A. & Towse, J. N. (2007). *Variation in working memory.* New York: Oxford University Press.

Conway, A. R., Kane, M. J., Bunting, M. F., Hambrick, D. Z., Wilhelm, O. & Engle, R. W. (2005). Working memory span tasks: A methodological review and user's guide. *Psychonomic Bulletin & Review, 12*, 769-786.

Côté, J., Baker, J. & Abernethy, B. (2007). Practice and play in the development of sport expertise. In G. Tenenbaum & R. C. Eklund (Eds.*), Handbook of sport psychology* (pp. 184-202) Hoboken, NJ.: Wiley.

Coull, J. T. (1998). Neural correlates of attention and arousal: Insights from electrophysiology, functional neuroimaging and psychopharmacology. *Progress in Neurobiology*, 55, 343-361.

Cowan, N. (1995) *Attention and memory: An integrated framework.* New York: Oxford University Press.

Cowan, N. (2001). The magical number 4 in short-term memory: A reconsideration of mental storage capacity. *Behavioral and Brain Sciences 24*, 87-185. doi:10.1017/S0140525X01003922

Cowan, N. (2005). *Working memory capacity.* Hove, East Sussex, UK: Psychology Press.

Crone, E. A., Wendelken, C., Donohue, S., van Leijenhorst, L. & Bunge, S. A. (2006). Neurocognitive development of the ability to manipulate information in working memory. *Proc. Natl. Acad. Sci. U.S.A. 103*, 9315-9320. doi: 10.1073/pnas.0510088103

Del Villar, F., González, L. G., Iglesias, D., Moreno, M. P. & Cervelló, E. M. (2007). Expert-novice differences in cognitive and execution skills during tennis competition. *Perceptual and Motor Skills, 104*, 355-365.

Diamond, A. (2013). Executive functions. *Annual Review of Psychology, 64*, 135-168.

Dicks, M., Button, C. & Davids, K . (2010). Availability of advance visual information constrains association-football goalkeeping performance during penalty kicks. *Perception, 39*, 1111-1124.

Dietrich, K. (1984). Vermitteln Spielreihen die Spielfähigkeit? *Sportpädagogik, 8*, 19-21.

Döbler, H. (1964). Die Systematik der Spiele als Grundlage einer vergleichenden sportpädagogischen Betrachtung. *Theorie und Praxis der Körperkultur, 13*, 217-231.

Edel, A., Song, Y., Wiewelhove, T. & Ferrauti, A. (2019). Activity profiles and physiological responses during match play in four popular racquet sports. *German Journal of Exercise and Sport Research, 49*, 221-231.

Ekblom, B. (1986). Applied physiology of soccer. *Sports Medicine, 3*, 50-60.

Engle, R. W. (2002). Working memory capacity as executive attention. Current directions. *Psychological science, 11*, 19-23.

Ericsson, K. A., Krampe, R. T. & Tesch-Römer, C. (1993). The role of deliberative practice in the acquisition of expert performance. *Psychological Review, 100*, 363-406.

Eriksen, C. W. & St. James, J. D. (1986). Visual attention within and around the field of focal attention: A zoom lens model. *Perception & Psychophysics, 40*, 225-240. doi:10.3758/BF03211502

Farrow, D. & Abernethy, B. (2002). Can anticipatory skills be learned through implicit video-based perceptual training? *Journal of Sports Science, 20*, 471-485.

Farrow, D., & Abernethy, B. (2007). Wahrnehmung von Expertinnen und Experten im Sport: Einige Kernfragen und -probleme. In N. Hagemann, M. Tietjens & B. Strauß (Hrsg.), *Psychologie der sportlichen Höchstleistung* (S. 71-92). Göttingen: Hogrefe.

Fernández-García, Á. I., Blanca-Torres, J. C., Nikolaidis, P. T. & Torres-Luque, G. (2019). Differences in competition statistics between winners and losers in male and female tennis players in Olympic Games. *German Journal of Exercise and Sport Research, 49*, 313.

Friedman, N. P., Miyake, A., Corley, R. P., Young, S. E., DeFries, J. C. & Hewitt, J. K. (2006). Not all executive functions are related to intelligence. *Psychological Science, 17*, 172-179.

Friedrich, W. (2005). *Optimales Sportwissen.* Spitta Verlag GmbH & Co. KG.

Furley, P. & Memmert, D. (2005). Provozieren vor instruieren! Zur Aufmerksamkeitsfokussierung im Sportspiel. *Sportpraxis, 6*, 22-24.

Furley, P. & Memmert, D. (2010). The role of working memory in sports. *International Review of Sport and Exercise Psychology, 3*, 171-194.

Furley, P. & Memmert, D. (2012). Working memory capacity as controlled attention in tactical decision making. *Journal of Sport and Exercise Psychology, 34*, 322-344.

Furley, P. & Memmert, D. (2013). „Whom should I pass to?" The more options the more attentional guidance from working. *PLoS ONE 8*: e62278. doi: 10.1371/journal.pone.0062278

Furley, P. & Memmert, D. (2015). Creativity and working memory capacity in sports: Working memory capacity is not a limiting factor in creative decision making amongst skilled performers. *Frontiers in Psychology.* doi: 10.3389/fpsyg.2015.00115

Furley, P., Memmert, D. & Heller, C. (2010). The dark side of visual awareness in sport – inattentional blindness in a real-world basketball task. *Attention, Perception & Psychophysics, 72*, 1327-1337.

Furley, P., Memmert, D. & Schmid, S. (2013). Perceptual load in sport and the heuristic value of the perceptual load paradigm in examining expertise related perceptual-cognitive adaptations. *Cognitive Processing, 14*, 31-42.

Furley, P., Schul, K. & Memmert, D. (2017). Das Experten-Novizen-Paradigma und die Vertrauenskrise in der Psychologie. *Zeitschrift für Sportpsychologie, 23*, 131-140. doi:10.1026/1612-5010/a000174

García-González, L., Iglesias, D., Moreno, A., Moreno, M. P. & Del Villar, F. (2012). Tactical knowledge in tennis: A comparison of two groups with different levels of expertise. *Perceptual and Motor Skills, 115*, 567-580.

García-González, L., Moreno, A., Gil, A., Moreno, M. P. & Villar, F. D. (2014). Effects of decision training on decision making and performance in young tennis players: An applied research. *Journal of Applied Sport Psychology, 26*, 426-440.

Goulet, C., Bard, C. & Fleury, M. (1989). Expertise differences in preparing to return a tennis serve: A visual information processing approach. *Journal of Sport & Exercise Psychology, 11*, 382-398.

Gray, R. (2004). Attending to the execution of a complex sensorimotor skill: Expertise differences, choking, and slumps. *Journal of Experimental Psychology: Applied, 10*, 42-54.

Guilford, J. P. (1967). *The nature of human intelligence.* New York: McGraw-Hill.

Guillot, A., Desliens, S., Rouyer, C. & Rogowski, I. (2013). Motor imagery and tennis serve performance: The external focus efficacy. *Journal of Sports Science & Medicine, 12*, 332.

Güldenpenning, I., Braun, J. F., Machlitt, D. & Schack, T. (2015). Masked priming of complex movements: Perceptual and motor processes in unconscious action perception. *Psychological Research, 79*, 801-812.

Güldenpenning, I., Kunde, W. & Weigelt, M. (2017). How to trick your opponent: A review article on deceptive actions in interactive sports. *Frontiers in Psychology, 8*, 917.

Güldenpenning, I., Steinke, A., Koester, D. & Schack, T. (2013). Athletes and novices are differently capable to recognize feint and non-feint actions. *Experimental Brain Research, 230*, 333-343.

Hadler, R., Chiviacowsky, S., Wulf, G. & Schild, J. F. G. (2014). Children's learning of tennis skills is facilitated by external focus instructions. *Motriz: Revista de Educação Física, 20*, 418-422.

Hagemann, N. & Loffing, F. (2013). Antizipation. In A. Güllich & M. Krüger (Hrsg.), *Sport. Das Lehrbuch für das Sportstudium* (S. 562-564). Berlin: Springer.

Hagemann, N. & Memmert, D. (2006). Coaching anticipatory skill in badminton: Laboratory- versus field-based perceptual training? *Journal of Human Movements Studies, 50*, 381-398.

Hambrick, D. Z. & Meinz, E. J. (2011). Limits on the predictive power of domain-specific experience and knowledge in skilled performance. *Current Directions in Psychological Science, 20*, 275-279.

Hambrick, D. Z., Burgoyne, A. P. & Oswald, F. L. (2019). Domain-general models of expertise: The role of cognitive ability. In P. Ward, J. M. Schraagen, J. Gore & E. Roth (Eds.), *Oxford handbook of expertise: Research and application* (S. 1-40). Oxford: Oxford UP.

Harris, D., Wilson, M. R. & Vine, S. J. (2018). A systematic review of commercial cognitive training devices: Implications for use in sport. *Frontiers in Psychology, 9*, 709.

Herzog, H. D. (1986). Zur Theoriearbeit im taktischen Training der Sportspiele. *Wissenschaftliche Zeitschrift der DHfK Leipzig, 27*, 73-84.

Höner, O. (2005). *Entscheidungshandeln im Sportspiel Fußball: eine Analyse im Lichte der Rubikontheorie*. Hofmann: Schorndorf.

Huesmann, K. & Loffing, F. (2019). Contextual cue utilization in visual anticipation in tennis: On the role of an opponent's on-court position and skill. *German Journal of Exercise and Sport Research, 49*, 304-312.

Hüttermann, S., Memmert, D., Simons, D. J. & Bock, O. (2013). Fixation strategy influences the ability to focus attention on two spatially separate objects. *PLoS ONE, 8*, e65673.

Hüttermann, S., Noël, B. & Memmert, D. (2017). Evaluating erroneous offside calls in soccer. *PloS ONE, 12*, e0174358.

Hüttermann, S., Noël, B. & Memmert, D. (2018). Eye tracking in high-performance sports: Evaluation of its application in expert athletes. *International Journal of Computer Science in Sport, 17*, 182-203.

Hüttermann, S., Simons, D. & Memmert, D. (2014). The size and shape of the attentional „spotlight" varies with differences in sports expertise. *Journal of Experimental Psychology: Applied, 20,* 147-157.

Huys, R., Cañal-Burland, R., Hagemann, H., Beek, P. P., Smeeton, N. J. & Williams, A. M. (2009). Global information pickup underpins anticipation of tennis shot direction. *Journal of Motor Behavior, 41,* 158-171.

Intriligator, J. & Cavanagh, P. (2001). The spatial resolution of visual attention. *Cognitive psychology, 43*, 171-216.

Jackson, R. C. & Farrow, D. (2005). Implicit perceptual training: How, when, and why? Human Movement Science, 24, 308-325.

Jackson, R. C. & Mogan, P. (2010). Advance visual information, awareness, and anticipation skill. *Journal of Motor Behavior, 39, 341-351.*

Jackson, R. C., Warren, S. & Abernethy, B. (2006). Anticipation skill and susceptibility to deceptive movements. *Acta Psychology, 123*, 355-371.

Kane, M. J., Hambrick, D. Z., Tuholski, S. W., Wilhelm, O., Payne, T. W. & Engle, R. W. *(2004*). The generality of working memory capacity: a latent-variable approach to verbal and visuospatial memory span and reasoning. *Journal of Experimental Psychology: General, 133*, 189.

Kempe, M. & Memmert, D. (2018). „Good, better, creative": The influence of creativity on goal scoring in elite soccer. *Journal of Sports Sciences,* 1-5.

Klingberg, T. (2010). Training and plasticity of working memory. *Trends in cognitive sciences, 14*, 317-324.

Knudsen, E. (2007). Fundamental components of attention. *Annual Review of Neuroscience, 30*, 57-78.

König, S. & Memmert, D. (2020, in press). Taktik und Taktiktraining im Sport – Anwendungsbereiche, Diagnostik, Trainingsformen, Organisation, Methoden, Anpassungen. In M. Fröhlich & A. Güllich (Hrsg.), *Sportmotorik, Bewegung und Training*. Berlin: Springer.

König, S. (1997). Zur Vermittlung von Spielfähigkeit in der Schule. *Sportunterricht, 46,* 476-486.

Konzag, I. & Konzag, G. (1980). Anforderungen an die kognitiven Funktionen in der psychischen Regulation sportlicher Spielhandlungen. *Theorie und Praxis der Körperkultur, 29*, 20-31.

Kredel, R., Vater, C., Klostermann, A. & Hossner, E. (2017). Eye-tracking technology and the dynamics of natural gaze behavior in sports: A systematic review of 40 years of research. *Frontiers in Psychology, 8*, 1-15.

Kröger, C. & Roth, K. (1999). *Ballschule – Ein ABC für Spielanfänger.* Schorndorf: Hofmann.

Kuhlmann, D. (1989). Wie führt man Spiele ein? In Bielefelder & Sportpädagogen (Hrsg.), *Methoden im Sportunterricht* (S. 135-148). Schorndorf: Hofmann.

LaBerge, D. (1983). Spatial extent of attention to letters and words. *Journal of Experimental Psychology: Human Perception and Performance, 9*, 371-379.

Lees, A. (2019). The evolution of racket sport since – a personal reflection. *German Journal of Exercise and Sport Research, 49*, 213-220.

Loffing, F., Cañal-Bruland, R. & Hagemann, N. (2014). Antizipationstraining im Sport. In K. Zentgraf, & J. Munzert (Hrsg.). *Kognitives Training im Sport* (S. 137-161). Göttingen: Hogrefe Verlag.

Loffing, F., Hagemann, N. & Farrow, D (2017). Perceptual-cognitive training: The next piece of the puzzle. In J. Baker, S. Cobley, J. Schorer & N. Wattie (Eds.), *Routledge handbook of talent identification and development in sport* (pp. 207-220). London: Routledge.

Luciana, M., Conklin, H. M., Hooper, C. J. & Yarger, R. S. (2005). The development of nonverbal working memory and executive control processes in adolescents. *Child Development, 76*, 697-712.

Mack, A. & Rock, I. (1998). *Inattentional blindness.* MIT Press: Cambridge.

MacNamara, B. N., Hambrick, D. Z. & Oswald, F. L. (2014). Deliberate practice and performance in music, games, sports, education, and professions: A meta-analysis. *Psychological Science, 25*, 1608-1618.

Magill, R. A. (1998). Knowledge is more than we can talk about: Implicit learning in motor skill acquisition. *Research Quarterly for Exercise and Sport, 69*, 104-110.

Mann, D. T., Williams, A. M. Ward, P. & Janelle, C. M. (2007). Perceptual-cognitive expertise in sport: A meta-analysis. *Journal of Sport & Exercise Psychology. 29*, 457-478.

Marr, D. (1982). *Vision: A computational investigation into the human representation and processing of visual information.* San Francisco: Freeman.

Masters, R. S. W., van der Kamp, J. & Jackson, R. C. (2007). Imperceptibly off-center goalkeepers influence penalty-kick direction in soccer. *Psychological Science, 18*, 222-223.

Maxwell, J. P., Masters, R. S. & Eves, F. F. (2003). The role of working memory in motor learning and performance. *Consciousness and Cognition, 12*, 376-402.

McPherson, S. L. & Thomas, J. R. (1989). Relation of knowledge and performance in boys' tennis: Age and expertise. *Journal of Experimental Child Psychology, 48*, 190-211.

Meffert, D., O'Shannessy, C., Born, P., Grambow, R. & Vogt, T. (2019). Tennis at tiebreaks: Addressing elite players' performance for tomorrows' coaching. *German Journal of Exercise and Sport Research, 49*, 339-344.

Meier, C., Fett, J. & Gröben, B. (2019). The influence of analogy instruction and motion rule instruction on the learning process of junior tennis players. Qualitative assessment of serve performance. *German Journal of Exercise and Sport Research, 49,* 291-303.

Memmert, D. (2004a). *Kognitionen im Sportspiel.* Köln: Sport & Buch Strauß.

Memmert, D. (2004b). Ein Forschungsprogramm zur Validierung sportspielübergreifender Basistaktiken. *Sportwissenschaft, 34*, 341-354.

Memmert, D. (2005). Ich sehe was, was du nicht siehst!" – Das Phänomen Inattentional Blindness im Sport. *Leistungssport, 5*, 11-15.

Memmert, D. (2006a). The effects of eye movements, age, and expertise on inattentional blindness. *Consciousness and Cognition, 15(3)*, 620–627.

Memmert, D. (2006b). Wann soll man spezialisieren? – Kreativität als Indikator auf der 1. und 2. Stufe des MSIL. In K. Weber, D. Augustin, P. Maier & K. Roth (Hrsg.). *Wissenschaftlicher Transfer für die Praxis: Ausbildung – Training – Wettkampf* (S. 59-64). Köln: Sport & Buch Strauß.

Memmert, D. (2007). Can creativity be improved by an attention-broadening training program? – An exploratory study focusing on team sports. *Creativity Research Journal, 19*, 281-292.

Memmert, D. (2009). Pay attention! A review of attentional expertise in sport. *International Review of Sport & Exercise Psychology, 2*, 119-138.

Memmert, D. (2010a). Creativity, expertise, and attention: exploring their Development and their relationships. *Journal of Sport Science, 29*, 93-104.

Memmert, D. (2010b). Testing of tactical performance in youth elite soccer. *Journal of Sports Science & Medicine, 9*, 199-205.

Memmert, D. (2012). Kreativität im Sportspiel. *Sportwissenschaft 42*, 38-49.

Memmert, D. (2013). Leistungsfaktoren im Sportspiel. In A. Güllich & M. Krüger (Hrsg.), Sport - *Das Lehrbuch für das Sportstudium* (S. 561-562). Berlin: Springer Verlag.

Memmert, D. (2014). Inattentional blindness to unexpected events in 8-15-Year-Olds. *Cognitive Development, 32*, 103–109

Memmert, D. (2015). *Teaching tactical creativity in team and racket sports: Research and Practice.* Abingdon: Routledge.

Memmert, D. (2017a). Tactical creativity in sport. In J. Kaufman, V. G. lăveanu & J. Baer (Eds.), *The Cambridge handbook of creativity across domains* (pp. 479-491). Cambridge: Cambridge University Press. doi:10.1017/9781316274385.026

Memmert, D. (2017b). Sports and creativity. M. A. Runco and S. R. Pritzker (Eds.) *Encyclopedia of creativity,* (2nd ed.), (pp. 373-378). San Diego: Academic Press.

Memmert, D. & Breihofer, P. (2006). *Doppelstunde Fußball.* Schorndorf: Hofmann.

Memmert, D. & Furley, P. (2007). „I spy with my little eye!" – breadth of attention, inattentional blindness, and tactical decision making in team sports. *Journal of Sport & Exercise Psychology, 29*, 365-347.

Memmert, D. & Furley, P. (2012). Aufmerksamkeit. M. Krüger & A. Güllich (Hrsg.), *Bachelor-Kurs Sport. Ein Lehrbuch für das Studium der Sportwissenschaft* (S. 567-568). Berlin: Springer-Verlag.

Memmert, D. & König, S. (2011). Zur Vermittlung einer allgemeinen Spielfähigkeit im Sportspiel. In S. König, D. Memmert & K. Moosmann, *Das große Buch der Sportspiele* (S. 18-37). Wiebelsheim: Limpert-Verlag.

Memmert, D. & Roth, K. (2003). Individualtaktische Leistungsdiagnostik im Sportspiel. *Spektrum der Sportwissenschaft, 15*, 44-70.

Memmert, D. & Roth, K. (2007). The effects of non-specific and specific concepts on tactical creativity in team ball sports. *Journal of Sports Sciences, 25*, 1423-1432.

Memmert, D., Baker, J. & Bertsch, C. (2010). Play and practice in the development of sport-specific creativity in team ball sports. *High Ability Studies, 21*, 3-18.

Memmert, D., Hagemann, H., Althoetmar, R. Geppert, S. & Seiler, D. (2009). Conditions of practice in perceptual skill learning. *Research Quarterly for Exercise & Sport, 80,* 32-43.

Memmert, D., Hüttermann, S. & Orliczek, J. (2013). Decide like Lionel Messi! The impact of regulatory focus on divergent thinking in sports. *Journal of Applied Social Psychology, 43,* 2163-2167.

Memmert, D., Hüttermann, S. & Kreitz, C. (2019). Wahrnehmung und Aufmerksamkeit. In J. Schüler, M. Wegner & H. Plessner (Hrsg.*), Lehrbuch Sportpsychologie – Theoretische Grundlagen und Anwendung*, S. 15-42. Berlin: Springer.

Memmert, D., Thumfart, M. & Uhing, M. (2014). *Optimales Taktiktraining im Kinder-, Jugend- und Leistungsfußball.* Balingen: Spitta Verlag.

Mirsky, A. F., Anthony, B. J., Duncan, C. C, Ahearn, M. B. & Kellam, S. G. (1991). Analysis of the elements of attention: A neuropsychological approach. *Neuropsychological Review, 2,* 109-145.

Moran, A. P. (1996). *The psychology of concentration in sport performers: A cognitive analysis*. Hove: Psychology Press.

Most, S. B., Scholl, B. J., Clifford, E. R. & Simons, D. J. (2005). What you see is what you set: Sustained inattentional blindness and the capture of awareness. *Psychological Review, 112*, 217-242.

Myers, N. L., Kibler, W. B., Axtell, A. H., Herde, B. J., Westgate, P. M. & Uhl, T. L. (2019). Musculoskeletal capacity and serve mechanics in professional women's tennis players. *German Journal of Exercise and Sport Research*, *49,* 275-284.

Neisser, U. (2014). *Cognitive psychology.* Classic edition: Psychology Press.

Noël, B., van der Kamp, J. & Memmert, D. (2015). Implicit goalkeeper influences on goal side selection in representative penalty kicking tasks. *PLoS ONE, 10*, e01354423.

Noël, B., van der Kamp, J., Masters, R. & Memmert, D. (2016). Scan direction influences explicit but not implicit perception of a goalkeeper's position. *Attention, Perception & Psychophysics*. doi: 10.3758/s13414-016-1196-2

Noël, B., van der Kamp, J., Weigelt, M. & Memmert, D. (2015). Asymmetries in spatial perception are more prevalent under explicit than implicit attention. *Consciousness and Cognition*, 34, 10-15.

Owen, A. M., Hampshire, A., Grahn, J. A., Stenton, R., Dajani, S., Burns, A. S. & Ballard, C. G. (2010). Putting brain training to the test. *Nature, 465* (7299), 775.

Posner, M. I. (1980). Orienting of attention. *Quarterly Journal of Experimental Psychology, 32*, 3-25. doi:10.1080/00335558008248231

Posner, M. I. & Boies, S. J. (1971). Components of attention. *Psychological Review, 78*, 391-408.

Posner, M. I. & Peterson, S. E. (1990). The attention system of the human brain. *Annual Review of Neuroscience, 13*, 25-42.

Prinz, W. (1997). Perception and action planning. *European Journal of Cognitive Psychology, 9*, 129-154.

Raab, M. (2001). *SMART. Techniken des Taktiktrainings. Taktiken des Techniktrainings.* Köln: Strauß.

Raschke, A. & Lames, M. (2019). Video-based tactic training in tennis. Proof of effiacy in a field experiment with 10- to 14-year-old tournament players. *German Journal of Exercise and Sport Research, 49*, 345-350.

Ripoll, H. & Fleurance, P. (1988). What does keeping one's eye on the ball mean?. *Ergonomics, 31*, 1647-1654.

Roth, G. & Menzel, R. (2001). Neuronale Grundlagen kognitiver Leistungen. In J. Dudel, R. Menzel & R. F. Schmidt (Hrsg.), *Neurowissenschaft. Vom Molekül zur Kognition* (S. 543-563). Berlin: Springer.

Roth, K. (1989). *Taktik im Sportspiel: zum Erklärungswert der Theorie generalisierter motorischer Programme für die Regulation komplexer Bewegungshandlungen.* Schorndorf: Hofmann.

Roth, K. (2005). Taktiktraining. In A. Hohmann, M. Kolb & K. Roth (Hrsg.), *Handbuch Sportspiel* (S. 342-349). Schorndorf: Hofmann.

Roth, K. & Hossner, E. J. (1999). Die funktionalen Betrachtungsweisen. In K. Roth & K. Willimczik (Hrsg.), *Bewegungswissenschaft* (S. 127-225). Reinbek: Rowohlt.

Roth, K. & Kröger, C. (2011). *Ballschule. Ein ABC für Spielanfänger* (4. Aufl.). Schorndorf: Hofmann.

Roth, K., Kröger, Ch. & Memmert, D. (2002). *Ballschule Rückschlagspiele.* Schorndorf: Hofmann.

Roth, K., Memmert, D. & Schubert, R. (2006). *Ballschule Wurfspiele.* Schorndorf: Hofmann.

Rowe, R., Horswill, M. S., Kronvall-Parkinson, M., Poulter, D. R. & McKenna, F. P. (2009). The effect of disguise on novice expert tennis players´anticipation ability. *Journal of Applied Sport Psychology, 21,* 178-185.

Savelsbergh, G. J. P., van Gastel, P. J. & van Kampen, P. M. (2010). Anticipation of penalty kicking direction can be improved by directing attention through perceptual learning. *International Journal of Sport Psychology, 41,* 24-41.

Scharfen, E. & Memmert, D. (2019a). Measurement of cognitive functions in experts and elite-athletes: A meta-analytic review. *Applied Cognitive Psychology. doi: 10.1002/ acp.3526*

Scharfen, E. & Memmert, D. (2019b). The relationship between cognitive functions and sport-specific motor skills in elite youth soccer players. *Frontiers in Psychology – Movement Science & Sport Psychology, 10, 817. doi:10.3389/fpsyg.2019.00817*

Schmidt, R. A. & Wrisberg, C. A. (2004). *Motor learning and performance. A problem-based learning approach* (3rd ed). Champaign: Human Kinetics.

Schnabel, G. & Thieß, G. (Hrsg.). (1993). *Lexikon Sportwissenschaft – Leistung – Training – Wettkampf.* Berlin: Sportverlag.

Schultz, F., Daniel, J. & Höner, O. (2018). Antizipation von Fußballtorhütern. Konzeption und Evaluation einer kognitiven Leistungsdiagnostik. *Leistungssport, 48,* 50-55.

Shim, J., Carlton, L. G. & Kwon, Y. H. (2006). Perception of kinematic characteristics of tennis strokes for anticipating stroke type and direction. *Research Quarterly for Exercises and Sport, 77,* 326-339.

Shim, J., Carlton, L. G., Chow, J. W. & Chae, W. S. (2010). The use of anticipatory visual cues by highly skilled tennis players. *Journal of Motor Behavior, 37,* 164-175.

Shim, J., Miller, G. & Lutz, R. (2005). Visual cues and information used to anticipate tennis ball shot and placement. *Journal of Sport Behavior, 28,* 186-200.

Simons, D. J., Boot, W. R., Charness, N., Gathercole, S. E., Chabris, C. F., Hambrick, D. Z. & Stine-Morrow, E. A. (2016). Do „brain-training" programs work? *Psychological Science in the Public Interest, 17,* 103-186.

Singer, R. N., Cauraugh, J. H., Chen, D., Steinberg, G. M. & Frehlich, S. G. (1996). Visual search, anticipation, and reactive comparisons between highly-skilled and beginning tennis players. *Journal of Applied Sport Psychology, 8,* 9-26.

Smeeton, N. J. & Williams, A. M. (2012). The role of movement exaggeration in the anticipation of deceptive soccer penalty kicks. *British Journal of Psychology. 103*, 539-555.

Smeeton, N. J., Williams, A. M., Hodges, N. J. & North, J. (2004). Developing perceptual skill in tennis through explicit, guided-discovery, and discovery methods. *Journal of Sport & Exercise Psychology, 24 (Suppl.)*, 175.

Smeeton, N. J. & Huys, R. (2011). Anticipation of tennis-shot direction from whole-body movement: The role of movement amplitude and dynamics. *Human Movement Science, 30,* 957-965.

Söğüt, M., Luz, L. G., Kaya, Ö. B. & Altunsoy, K. (2019). Ranking in young tennis players – a study to determine possible correlates. *German Journal of Exercise and Sport Research*, *49*, 325-331.

Spencer, M. R. & Gastin, P. B. (2001). Energy system contribution during 200-to 1500-m running in highly trained athletes. *Medicine & Science in Sports & Exercise, 33*, 157-162.

Stiehler, G., Konzag, I. & Döbler, H. (1988). *Sportspiele. Theorie und Methodik der Sportspiele. Basketball – Fußball – Handball – Volleyball.* Berlin: Sportverlag.

Styles, E. A. (2008). *The psychology of attention.* Hove and New York: Psychology Press.

Tay, C. S., Chow, J. Y., Koh, M. & Button, C. (2012). The effectiveness of keeperindependent penalty kicks using fake visual cues from penalty takers. *International Journal of Sport Psychology. 43*, 403-419.

Tayler, M. A., Burwitz, L. & Davids, K. (1994). Coaching perceptual strategy in badminton. *Journal of Sports Sciences, 12*, 213.

Tenenbaum, G. (2003). Expert athletes: An integrated approach to decision making. In J. L. Starkes & K. A. Ericsson (Eds.), *Expert performance in sports* (S. 191-218). Champaign, IL: Human Kinetics.

Triolet, C., Benguigui, N., Le Runigo, C. & Williams, A. M. (2013). Quantifying the nature of anticipation in professional tennis. *Jornal of Sports Sciences, 31,* 820-830.

Tudos, S., Predoiu, A. & Predoiu, R. (2015). Topographical memory and the concentration of attention in top female tennis players. *Procedia-Social and Behavioral Sciences, 190*, 293-298.

Van Zomeren, A. H. & Brouwer, W. H. (1994). *Clinical neuropsychology of attention.* New York: Oxford University Press.

Verburgh, L., Scherder, E. J., Van Lange, P. A. & Oosterlaan, J. (2016). Do elite and amateur soccer players outperform non-athletes on neurocognitive functioning? A study among 8-12 years old children. *PloS ONE, 11*, e:0165741. doi:10.1371/journal.pone.0165741

Vestberg, T., Gustafson, R., Maurex, L., Ingvar, M., & Petrovic, P. (2012). Executive functions predict the success of top-soccer players. *PloS ONE, 7*, e34731. doi:10.1371/journal.pone.0034731

Voss, M. W., Kramer, A. F., Basak, C., Prakash, R. S. & Roberts, B. (2010). Are expert athletes 'expert' in the cognitive laboratory? A metaanalytic review of cognition and sport expertise. *Applied Cognitive Psychology, 24*, 812-826.

Ward, P., Williams, A. M. & Bennett, S. L. (2002). Visual search and biological motion perception in tennis. *Research Quarterly for Exercise and Sport, 73,* 107-112.

Wegner, M. & Katzenberger, C. (1994). Die Spielkonzeption zur Lösung taktischer Problemsituationen: Wissenschaftliche Fundierung eines Trainingsprogramms zum Gegenstoßverhalten im Handball. In R. Brack, A. Hohmann & H. Wieland (Hrsg.), *Trainingssteuerung* (S. 248-253). Stuttgart: Naglschmid.

Weigelt, M., Memmert, D. & Schack, T. (2012). Kick it like Ballack: The effects of goalkeeping gestures on goal-side selection in experienced soccer players and soccer novices. *Journal of Cognitive Psychology, 24,* 942-956.

Williams, A. M. & Ericsson, K. A. (2005). Some considerations when applying the expert performance approach in sport. *Human Movement Science, 24*, 283-307.

Williams, A. M. & Ward, P. (2003). Perceptual expertise: Development in sport. In J. L. Starkes & K. A. Ericsson (Eds.), *Expert performance in sports: Advances in research on sport expertise* (pp. 219-249). Champaign, IL: Human Kinetics.

Williams, A. M., Davids, K. & Williams, J. G. (1999). *Visual perception and action in sport.* London: E & F.N Spon.

Williams, A. M., Hodges, N. J., North, J. S. & Barton, G. (2006). Perceiving patterns of play in dynamic sport tasks: Identifying the essential information underlying skilled performance. *Perception, 35*, 317-332.

Williams, A. M., Ward, P. & Chapman, C. (2003). Training perceptual skill in field hockey: Is there transfer from the laboratory to the field. *Research Quarterly for Exercise & Sport, 74,* 98-103.

Williams, A. M., Ward, P., Knowles, J. M. & Smeeton, N. J. (2002). Anticipation skill in a real-world task: Measurement, training, and transfer in tennis. *Journal of Experimental Psychology: Applied, 8,* 259-270.

Williams, A. M., Ward, P., Smeeton, N. J. & Allen, D. (2004). Developing anticipation skills in tennis using on-court instruction: Perception versus perception and action. *Journal of Applied Sport Psychology, 16,* 350-360.

Wright, M. J. & Jackson, R. C. (2014). Deceptive body movements reverse spatial cueing in soccer. *PLoS ONE 9*:e104290.

Wulf, G. (2007). *Attention and motor skill learning.* Champaign, IL: Human Kinetics.

Wulf, G., McConnel, N., Gärtner, M. & Schwarz, A. (2002). Feedback and attentional focus: Enhancing the learning of sport skills through external-focus feedback. *Journal of Motor Behavior, 34*, 171-182.

2 Bildnachweis

Layout:	Katerina Georgieva
Covergestaltung:	Anja Elsen
Satz:	Zerosoft
Lektorat:	Dr. Irmgard Jaeger
Fotos Innenteil:	S. 50, 105: © dpa picture alliance; S. 35, 46, 54, 69, 70, 71, 72, 73, 75, 77, 81: © Daniel Memmert
Abbildungen der Spielformen:	Mara Schneider

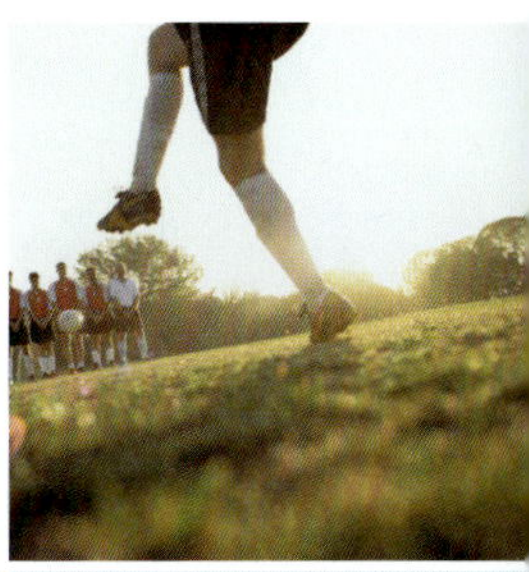

UNSERE NEUE REIHE

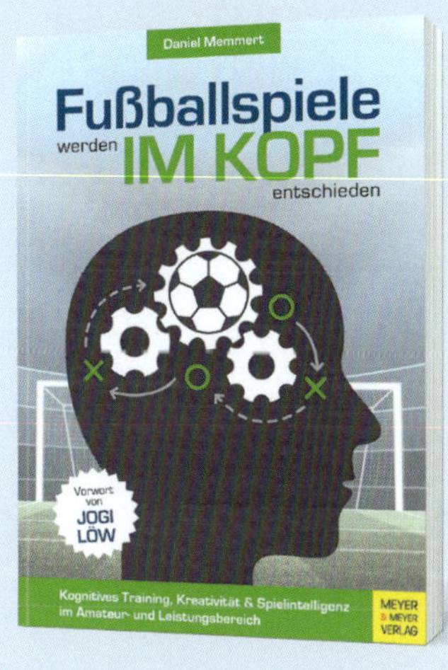

FUSSBALLSPIELE WERDEN IM KOPF ENTSCHIEDE

KOGNITIVES TRAINING, KREATIVITÄT UND SPIELINTELLIGENZ IM AMATEUR- UND LEISTUNGSBEREICH

192 Seiten, 16,5 x 24 cm, Paperback,
8 Fotos, 91 Abb., in Farbe
ISBN: 978-3-8403-7656-6
€ [D] 20,00/€ [A] 20,60

Kognitives Training, Kreativität Spielintelligenz im Fußball Kevin De Bruyne oder Luka Modric nehmen nicht nur die aktuelle Situation um sich herum ganzheitlich wahr, sie denken die weiteren Spielzüge bereits voraus. Diese „Gedankenschnelligkeit" legt den Grundstein, um in äußerst komplexen Situationen spielerische Meisterleistungen zu kreieren. Das Buch bietet hierzu nicht nur ein theoretisches Rahmenmodell, indem auch Antizipations-, Wahrnehmungs-, Aufmerksamkeits- und Gedächtnisprozesse eine Rolle spielen, sondern neben Diagnosetools erstmalig praktische Anwendungsbeispiele für die Schulung der kognitiven Fähigkeiten.

MEYER & MEYER Verlag
Von-Coels-Str. 390
52080 Aachen

Telefon 02 41 - 9 58 10 - 25
Fax 02 41 - 9 58 10 - 10
E-Mail vertrieb@m-m-sports.com
Website www.dersportverlag.de

MEYER & MEYER VERLAG